Sokrates
Apologie der Pluralität

Fröhliche Wissenschaft 078

Hannah Arendt

Sokrates
Apologie der Pluralität

Eingeleitet von Matthias Bormuth
und mit Erinnerungen von Jerome Kohn

Aus dem Englischen von Joachim Kalka

Inhalt

Matthias Bormuth

Einleitung

Das Mit-sich-selbst-Sprechen ist nicht bereits Denken, aber es ist die politische Seite alles Denkens: dass sich selbst im Denken Pluralität bekundet.
Hannah Arendt, Denktagebuch, Juni 1954

I

Mit dem Erscheinen von *Elemente und Ursprünge totaler Herrschaft* wurde Hannah Arendt über Nacht berühmt. In der Folge entwickelte sie eine eigene politische Philosophie. Grundlage ihres Nachdenkens bildete ihr *Denktagebuch*. Es enthält besonders viele Spuren ihres steten Gesprächs mit den großen Griechen, Sokrates und Platon. Neben dem persönlichen Denkraum boten nun auch große Universitäten Arendt als freier New Yorker Intellektuellen die Chance, ihre Gedanken öffentlich vorzustellen und in Diskussionen zu erproben.

So sprach sie im Frühjahrssemester 1954 an der Universität von Notre-Dame zum Thema »Philosophie und Politik. Das Problem von Handeln und Denken nach der Französischen Revolution«. Der dritte Vortrag konzentrierte sich auf Sokrates und Platon und wurde erstmals 1990 aus dem Nachlass in *Social Research* veröffentlicht. Jerome Kohn, Arendts letzter Assistent, nahm ihn 2005 unter dem Titel »Socrates« in die Sammlung *The Promise of Politics* auf. Die Vorlesung liegt in dieser Form hier erstmals auf Deutsch vor. Sie wird ergänzt durch Erinnerungen Kohns an seine Zeit als Student und Assistent von Hannah Arendt, die er für das Jahrbuch der Karl Jaspers-Gesellschaft, *Offener Horizont*, schrieb. Die Texte von Arendt und Kohn übersetzte Joachim Kalka aus dem Amerikanischen.

Die Einleitung hebt einige Aspekte der Vorlesung im biografischen Rahmen hervor, die sich als *Apologie der Pluralität* verstehen lässt. Vielfalt bezieht sich bei Arendt nicht nur auf die Pluralität der Menschen, die es im sokratischen Dialog zu erkennen gilt. Vielmehr gründet diese Einsicht auf dem Selbstgespräch, das den Menschen mit der eigenen Pluralität konfrontiert. Arendt verdichtet Leitgedanken der primär inneren Pluralität in folgendem Passus prägnant: »Selbst wenn ich ganz alleine leben würde, so lebte ich doch mein Leben lang im Zustand der Pluralität. Ich muss mit mir selber zurechtkommen, und nirgendwo zeigt sich dieses Ich-mit-mir deutlicher als im abstrakten Denken, das immer ein Dialog in der Gespaltenheit, zwischen den Zweien-in-Einem ist. Der Philosoph, welcher der Grundbedingung der menschlichen Pluralität zu entkommen sucht und in die absolute Einsamkeit flieht, ist dieser jedem Menschen inhärenten Pluralität sogar noch radikaler ausgeliefert als ein Anderer. Denn es ist ja das Gespräch mit anderen, das mich aus dem aufspaltenden Gespräch mit mir selbst herausreißt und mich wieder zu Einem macht – zu einem einzigen, einzigartigen Menschen, der nur mit einer Stimme spricht und von allen als ein einziger Mensch erkannt wird.«

II

In seiner Rückschau *In Hannah Arendts Seminar* berichtet Jerome Kohn, wie er 1967 als junger Student an der Columbia University von Arendts Lehrtätigkeit an der New School for Social Research erfuhr und alles daransetzte, dort ihre Seminare besuchen zu dürfen. Mit ihrer Erlaubnis und wider die akademischen Regeln fuhr er wöchentlich von der Upper West Side in das südlichere Manhattan. Dort schlug Arendt ihre jungen Hörer dadurch in ihren Bann, dass sie entlang der platonischen Dialoge das sichere Wissen in Zweifel zog und ahnbar machte, welche Bedeutung das Staunen und Verwundern gerade über offen bleibende Fragen als philosophische Grunderfahrung besitzen kann: »Denn wie Sokrates veranlasste sie die Studenten zu Antworten, die ihrerseits zu schwierigeren Fragen führten, dann zu komplizierteren Antworten, aber nicht zu endgültigen Ergebnissen.« Fast hymnisch erinnert sich Kohn einer »Erotik des Lernens [...] unter möglichen Freunden, die keine Epigonen waren und deren Mut und gegenseitiges Vertrauen eine Aura von Schönheit erzeugte.«

Als Kohn später Arendts persönlicher Assistent wurde, imponierte ihm vor allem ihre »geniale Begabung für Freundschaft«. Beeindruckende Anzeichen hierfür finden sich in den veröffentlichten Briefwechseln, die Arendt u. a. mit Walter Benjamin, Kurt Blumenfeld, Hermann Broch, Mary McCarthy, Joachim Fest und Uwe Johnson führte. In dem Briefwechsel mit ihrem väterlichen Freund Karl Jaspers, den Arendt von 1926 bis zu dessen Tode 1969 führte, heißt es exemplarisch mit Nietzsche: »Die Wahrheit beginnt zu zweit«.

Jüngst ist Jerome Kohn dem sokratischen Geist der Freundschaft, der Hannah Arendt bewegte, noch in einem zweiten Essay gefolgt. Als einer, der damals zu Arendts jüngeren Freunden gehörte, gibt er persönliche Erinnerungen kund und nimmt auch die zeitgeschichtlichen Elemente in den Blick, die Arendts Überlegungen zu Sokrates und zur Freundschaft in der McCarthy-Ära und zu Zeiten der Eichmann-Kontroverse prägten. Kohn schließt: »Könnte es denn sein, dass es gar keinen besseren Weg gibt, sich an Freundschaft zu erinnern, als über die Unfähigkeit sie zu definieren.«

Geweckt wurde Arendts Talent zur Freundschaft sicherlich schon in der Kindheit, als sie im assimilierten jüdischen Bürgertum Königsbergs die Kultur des gebildeten Salons kennenlernte. In ihrem 1933 nicht mehr fertiggestellten Buch *Rachel Varnhagen. Lebensgeschichte einer deutschen Jüdin aus der Romantik* setzte Arendt dem Urbild des liberalen Salons ein großartiges Denkmal. Die prekären Bedingungen, unter denen das deutsch-jüdische Gespräch schon zur Zeit von Aufklärung und Romantik stand, finden dort klaren, stellenweise bitter ironischen Ausdruck.

Aber trotz der Katastrophe, die mit Hitlers Machtübernahme ihren Anfang nahm, blieb für Arendt der Traum der kulturellen Symbiose im Zeichen der Freundschaft lebendig. Als deren wichtigsten Apologeten vor Rahel Varnhagen faszinierte sie vor allem Gotthold Ephraim Lessing. Ihre Hamburger Rede *Von der Menschlichkeit in finsteren Zeiten* preist 1960 entsprechend als »Leitmotiv« des *Nathan* den dringlichen Appell: »Sei mein Freund.« Zentral ist für Arendt auch Lessings Überzeugung von der Vielfalt der Perspektiven, in deren Gesamtheit sich die Welt nur erschließen lässt. Verdichtet ist sie in der Ringparabel: dass niemand im Besitz des echten

Ringes sei, ja dieser wohl als verloren gelten müsse: »um der unendlichen Möglichkeiten willen, in denen die Welt zwischen den Menschen besprochen werden kann«.

Einige Jahre zuvor formulierte Arendt in der Vorlesung erstmals ihre Apologie der Pluralität. Sie mündet in das Bekenntnis zu einer sokratischen Republik der Freunde: »Das politische Element der Freundschaft liegt darin, dass in einem wahrhaftigen Dialog jeder der Freunde die Wahrheit begreifen kann, die in der Meinung des anderen liegt. Der Freund begreift nicht so sehr den Anderen als Person – er erkennt, auf welche besondere Weise die gemeinsame Welt dem Anderen erscheint, der als Person ihm selbst immer ungleich und verschieden bleibt. Diese Art von Verständnis – die Fähigkeit, die Dinge vom Standpunkt des Anderen aus zu sehen, wie wir es gerne ein wenig trivial formulieren – ist die politische Einsicht *par excellence*. Wenn wir die wichtigste Tugend eines Staatsmannes auf traditionelle Weise definieren wollten, könnten wir sagen: Sie besteht darin, die größtmögliche Zahl und die verschiedensten Arten von Wirklichkeiten (nicht von subjektiven Standpunkten, die es natürlich auch gibt, die hier aber nicht interessieren) zu verstehen – zu verstehen, wie diese Wirklichkeiten sich den jeweiligen *doxai*, den Meinungen der Bürger, eröffnen, und gleichzeitig zwischen den Bürgern mit ihren Meinungen kommunikativ so zu vermitteln, dass die Gemeinsamkeit der Welt erkennbar wird.«

Dem korrespondiert der Lessing-Essay, wenn Arendt dort die sokratische Idee der Freundschaft als mögliche Realität in der Politik beschreibt: »Für die Griechen aber lag das eigentliche Wesen der Freundschaft im Gespräch, und sie waren der Meinung, dass das dauernde Miteinander-Sprechen erst die Bürger zu einer Polis vereinigt. Im Gespräch manifestiert sich die politische Bedeutung der Freundschaft und der ihr eigentümlichen Menschlichkeit, weil dies Gespräch [...] der gemeinsamen Welt gilt, die in einem ganz präzisen unmenschlich bleibt, wenn sie nicht dauernd von Menschen besprochen wird.« Diese ebenso emphatische Apologie der Pluralität schließt Arendt mit einem Lessing'schen Satz, in dem dieser gleichsam die Summe aus allen seinen Werken ziehe: »Jeder sage, was ihm Wahrheit dünkt, und die Wahrheit selbst sei Gott empfohlen.«

Der moderne Salon, den Hannah Arendt in ihrem Apartment am Riverside Drive um sich versammelt hatte, strebte die undogmatische Form des Gesprächs an, wie Sokrates und Lessing sie schätzten. Die Bilder aus Margarethe von Trottas Film lassen ein wenig von dem streitlustigen Ernst der Gespräche spüren, in denen man die Welt gemeinsam erörterte. Jerome Kohn skizzierte die Mitglieder des »Stamms« aus deutsch-jüdischen Emigranten und

New York Intellectuals als »Dichter, Romanciers, Künstler, Theologen, Historiker, Journalisten, Senatoren und ein paar Studenten«.

Charakteristisch war für den sich um Arendt sammelnden Zirkel, dessen Mitglieder nicht selten in *Partisan Review* schrieben, dass der Sozialismus östlicher Prägung keine denkbare Alternative zur westlichen Demokratie mehr bedeutete. Die Moskauer Prozesse und der Hitler-Stalin-Pakt hatten den letzten Anhängern des parteilichen Sozialismus verdeutlicht, dass auf diesem Wege keine soziale Gerechtigkeit zu erlangen war. Die Freiheit des Einzelnen von staatlichen Gesetzen war für diese amerikanisch-jüdischen Liberalen das höchste Gut, das in der Pluralität der selbstbestimmten Individuen seinen vielstimmigen Ausdruck fand.

Dass Konflikte über religiöse Bekenntnisse das Bewusstsein individueller Freiheit maßgeblich förderten und am Anfang moderner Staatskonzepte standen, lässt sich Arendts Buch *Über die Revolution* entnehmen. Es ist eine Eulogie auf die amerikanischen Gründerväter, die mit der Verfassung zuerst erfolgreich – und vor allem dauerhaft – für die Freiheit des Einzelnen eingetreten seien. Der konstitutionell zentral verankerte Respekt vor den gewissenhaften Entscheidungen Einzelner, die vor allem in kommunale Gremien einfließen sollen, ist der historischen Erfahrung der religiös verfolgten Pilgerväter geschuldet, waren diese doch aus England geflohen, um jenseits staatskirchlicher Strukturen ihre individualistischen Sektenfrömmigkeiten leben zu können.

Karl Jaspers, dem Arendt die Ausgabe »In Freundschaft« gewidmet hatte, war von diesem Geist der individuellen Freiheit begeistert. Er hatte schon früh, noch in seinen Jahren als Psychiater, das sokratische Denken, seine Lust am offenen Dialog, betont und zugleich den Aspekt herausgestellt, der in Arendts Vorlesung besonders hervortreten wird: dass dies nur gelingen kann, wenn der Einzelne mit sich selbst im Gespräch ist.

Dass die Chance zu solch nachdenklicher Einsamkeit unter den politischen Verhältnissen des 20. Jahrhunderts von den Machthabenden nicht geboten und oft geradezu genommen wird, war Arendt wichtig zu betonen, auch im Rekurs auf ihre bisherigen Studien und bleibenden Befürchtungen: »Wir unsererseits, die wir unsere Erfahrungen mit totalitären Massenorganisationen haben, deren hauptsächliches Anliegen es ist, jegliche Möglichkeit des Alleinseins abzuschaffen (von der unmenschlichen Form der Einzelhaft abgesehen), können dafür einstehen, daß in dem Augenblick, da ein Minimum des Mit-sich-selbst-Alleinseins nicht mehr garantiert ist, nicht nur das säkulare Gewissen, sondern jegliche Gewissensform verschwinden wird.«

III

Blickt man auf Arendts sokratische Anfänge des Philosophierens, so teilte sie diese mit dem jüdischen Freund Hans Jonas, der 1933 ebenso seine Heimat Deutschland verlassen musste und über Palästina den Weg in die USA fand. Beide studierten ab dem Herbst 1924 in Marburg bei Martin Heidegger, und ebenso besuchten sie gemeinsam das neutestamentliche Seminar bei Rudolf Bultmann. Mit wehmütigem Staunen dachte Jonas 1974 an diese »fünfzigste Jährung eines Freundschaftsbeginns« zurück, die gerade auch durch ihre Streitbarkeit ausgezeichnet war: »Wir sind nicht gerade ›verwandte Naturen‹, sehen Dinge oft recht anders und reagieren spontan verschieden darauf, aber worauf es im letzten und immer ankommt, darin haben wir uns von Anfang an verstanden, ohne es sagen zu müssen. Da war nie ein Zweifel, was wichtig und was unwichtig ist. So konnten wir uns (mit der einzigen Ausnahme der Eichmann-Sache) um das Strittige nach Herzenslust streiten mit dem Wissen, dass wir uns ›im Grunde‹ oder ›im Eigentlichen‹, oder wie man das Ding sonst nennen mag, doch einig sind.« Der sokratische Grund ihrer Freundschaft, der philosophische Eros, ging bei Jonas wie später bei manchen anderen ihrer Freunde mit Gefühlen der leidenschaftlichen Zuneigung einher. Scheu fügt der alte Freund im Erinnerungsbrief –

fast beiläufig – die »schlichte Tatsache« an, »die man Gott sei Dank nicht mit Gründen zu erklären braucht, daß ich Dich ungeheuer gern habe«.

Auch ihr erster Lehrer Martin Heidegger wurde in Marburg sofort von der umfassenden Attraktivität erfasst, die Hannah Arendt ausstrahlte. Ihr Verhältnis ging bald weit über die Leidenschaft des Denkens hinaus: Ihre Liebe verzehrte den anfangs zugedachten Raum der geistigen Freundschaft vollkommen. Nicht ohne autobiografischen Bezug heißt es über diese Seite des Eros einmal in der *Vita activa*: »In der Leidenschaft, mit der die Liebe nur das Wer des Anderen ergreift, geht der weltliche Zwischenraum, durch den wir mit anderen verbunden und zugleich getrennt sind, gleichsam in Flammen auf.«

Nicht nur bei ihrem Geliebten, von dem Arendt bald nach Heidelberg zu Karl Jaspers floh, nahm die junge Philosophin sokratische Gedanken auf. Ebenso förderten die Marburger Seminare Nikolai Hartmanns, der viel mehr für das verachtete akademische Wissen stand, ihr Nachdenken über platonische Dialoge.

Als sokratische Gestalt eigener Anziehungskraft stand Arendt lebensgeschichtlich ihr zweiter Ehemann Heinrich Blücher am nächsten. Ursprünglich tätig als politischer Aktivist im kommunistischen Spektrum Weimars, wirkte Blücher nach den Jahren der Pariser Emigration, in denen er Arendt kennenlernte, als Militärhistoriker in den USA. Nach dem

Krieg war er freier Philosoph, bevor ein eindrücklicher Vortrag über moderne Kunst ihm das Angebot brachte, am renommierten Bard College zu lehren. Dort vertrat Blücher über ein Vierteljahrhundert die sokratische Tradition, zumal auch er keine schriftlichen Zeugnisse seines Nachdenkens hinterließ. Blüchers Abschiedsvorlesung, die aufgezeichnet wurde, ist in weiten Teilen dem großen Skeptiker gewidmet und gipfelt in dem sokratischen Appell: »Strebt nicht nach dem Absoluten!: die Vollkommenheit ist ein Traum, der in euren Herzen lebendig ist, aber die Vollkommenheit ist nicht für Sterbliche, nur vielleicht für die unsterblichen Götter, von denen Sokrates sagte, er wisse nichts über sie.«

Wie sehr im Gespräch zwischen Arendt und Blücher der große Grieche präsent war, lässt ein Brief ahnen, den Blücher 1955 an seine Frau nach Athen sandte. Darin heißt es: »Sieh Dich ein wenig nach Sokrates um, er wird da schon irgendwo noch herumlungern, und sag' ihm, wie sehr er mich erstaunt.« Als Heinrich Blücher Ende 1970 starb, war das vertraute Gespräch zu zweit, das vielmehr als die Freundschaften einen andauernden Austausch der Gedanken beflügelt hatte, abrupt beendet. Arendt stürzte in eine tiefe Krise, die sich auch darin äußerte, dass sie das *Denktagebuch* nicht weiter führte. Nur langsam konnten die Freunde die Vereinsamte wieder in Gesprächen beleben.

IV

Arendts intensive Beschäftigung mit Sokrates fiel in eine Zeit, in der Platons politische Philosophie des Staates angesichts der totalitären Entwicklungen in der ersten Jahrhunderthälfte sehr in Misskredit geraten war. Die bekannteste und polemischste Kritik an den philosophischen Vätern der modernen Totalitarismen hatte Karl Popper während der Kriegsjahre in Neuseeland verfasst: *Die offene Gesellschaft und ihre Feinde.* Neben Hegel und Marx machte Popper vor allem Platon als Bösewicht aus, der dem offenen Denken seines Lehrers untreu geworden sei und sich als Erster habe verführen lassen, als Staatsphilosoph im Namen einer absoluten Wahrheit eine geschlossene Ordnung für alle vorzugeben. In ihr werde der Einzelne in seiner Freiheit zum Opfer des höheren Endzweckes und Zieles, dem sich alle individuellen Interessen unterzuordnen hätten.

Anders als Karl Popper beurteilt Arendt Platon wesentlich milder. Sie spricht zwar stellenweise auch von der »Tyrannei der Wahrheit«, die Platon philosophisch errichtet habe, ohne eindeutig zu behaupten, die platonische Ideenlehre stelle einen politisch doktrinären Anspruch: »Aber eine solche Interpretation lässt sich durchaus begründen. Sie ist sehr verständlich, weil Platon selbst als Erster die Ideen zu politischen Zwecken gebrauchte – um absolute Maßstäbe in das Reich der menschlichen

Angelegenheiten einzuführen, wo sonst – ohne Maße, die das Irdische transzendieren – alles relativ bliebe.«

Im Kern zeigt sie großes Verständnis für die tiefe Krise, in die Platon durch den Prozess des Sokrates gestürzt wurde. Dass sein Lehrer mit seiner Apologie kein Gehör bei den Athenern fand, sondern diese auf sein irritierendes Fragen und selbstgewisses Denken mit Unverständnis und Todesurteil reagierten, erscheint ihr als dramatischer Wendepunkt in Platons Bewusstsein. Psychologisch nachvollziehbar setze er in der Folge alles daran, die Wahrheit stiftende Rolle des Philosophen zu rechtfertigen und damit den Verdacht der beliebigen und willkürlichen Meinungen von ihrer Zunft abzuwenden. Arendt schreibt: »In enger Verbindung mit seinem Zweifel an der Effektivität des Überredens steht Platons wütende Polemik gegen die *doxa*, die bloße Meinung. Diese Polemik zieht sich nicht nur wie ein roter Faden durch seine politischen Werke, sie gehört zu den Grundlagen seines Wahrheitsbegriffs. Die platonische Wahrheit ist selbst dort, wo diese *doxa* nicht eigens erwähnt wird, immer der genaue Gegensatz zur beliebigen Meinung. Das Schauspiel, wie Sokrates seine eigene *doxa* gegen die unverantwortlichen Meinungen der Athener stellt und von einer Mehrheit niedergestimmt wird, brachte Platon dazu, Meinungen insgesamt zu verachten und sich nach absoluten Maßstäben zu sehnen. Maßstäbe, an denen sich Handlungen messen ließen und an denen das Denken eine gewisse Verlässlichkeit gewinnen konnte, waren von nun an das Hauptziel seiner politischen Philosophie.«

Während es Sokrates daran lag, in der Rolle einer Hebamme im Gespräch mit ans Licht der Welt zu bringen, was sein Gegenüber an relativen Meinungen und subjektiven Ansichten in sich trug, war es seinem Meisterschüler später daran gelegen, absolute Maßstäbe und objektive Perspektiven überzeugend anzubieten. Entsprechend der unterschiedlichen Anliegen entfaltet Arendt in der Vorlesung zwei eigenständige Perspektiven ihrer politischen Philosophie: Die eine ist geprägt durch die sokratische Skepsis, die Einsicht in das letzte Nichtwissen des Menschen, das sich vor allem auch auf ihn selbst, seine Meinungen und sein Weltbild bezieht. Und die andere lebt von dem platonischen Verlangen, als Philosoph, der die Wahrheit liebt, die Wege und Maßstäbe zu erhellen, die über Gang und Ziel des Lebens orientieren können.

Im Lessing-Essay finden sich beide Sichtweisen wieder. Auf der einen Seite betont Arendt das Selbstdenken und das freundschaftliche Gespräch als Grundlage einer reifen politischen Philosophie, die erlaube, »sich ohne Stützen und Krücken, gewissermaßen ohne das Geländer der Tradition frei« im gesellschaftlichen Raum zu bewegen. In der Moderne, in der die »Stützen der bekanntesten Wahrheiten« vernichtet seien und wir uns in einem »wahren Trümmerfeld solcher Stützen« befänden, stellt diese Fähigkeit geradezu eine Voraussetzung der politischen Elite dar.

Auf der anderen Seite ist Arendt realistisch genug, um zu sehen, dass die gesellschaftliche Ordnung auch dem kollektiven Verlangen nach höherer Autorität und institutioneller Ordnung gerecht werden muss. Denn: »Die Welt wird unmenschlich, ungeeignet für menschliche Bedürfnisse, welche die Bedürfnisse von Sterblichen sind, wenn sie in eine Bewegung gerissen wird, in der es keinerlei Bestand mehr gibt.«

Sokratische Skepsis und platonische Pädagogik bilden in dieser Summe beide legitime Anliegen, ohne dass Arendt sie zu einem einheitlichen Konzept politischer Philosophie zu verknüpfen sucht. Beide haben ihr begrenztes Eigenrecht, und es erfordert politische Urteilskraft – ein für Arendt entscheidendes Thema, dem hier nicht weiter nachgegangen werden kann –, um die jeweilige Triftigkeit der sokratischen oder platonischen Sichtweise zu bestimmen.

V

Dass Platon für Arendt ein faszinierender Denker war, unterstreicht die Genauigkeit, mit der sie das Höhlengleichnis aus der *Politeia* in der Vorlesung betrachtet. Ihre Nacherzählung betont den »Verlust der Orientierungsfähigkeit«, den der Philosoph an den drei Wendepunkten gegenüber jenen erleidet, die gefesselt in der Höhle verharren: »Die Augen, die an die Schattenbilder auf der Wand gewöhnt sind, werden vom Feuerschein am Ende der Höhle geblendet. Die Augen, die sich schließlich dem schwachen Licht des künstlichen Feuers angepasst haben, werden zum zweiten Mal geblendet vom Licht der Sonne. Am schlimmsten aber ist die Desorientierung jener Menschen, deren Augen sich einmal an das helle Licht unter dem Himmel der Ideen gewöhnt hatten und die sich nun wieder den Weg im Dunkel der Höhle ertasten müssen.« Von daher wirke der Philosoph, betrachtet mit dem »Verstand der Welt«, lächerlich, als käme er aus einer »verkehrten Welt«.

Unter diesem Aspekt kann der Vortrag in Notre-Dame als Vorstufe der Rechtfertigung verstanden werden, mit der Arendt fünfzehn Jahre später Martin Heideggers Weg als Denker in entscheidenden Welterfahrungen mit jenem Platons vergleichen wird. In ihrem Beitrag zum 80. Geburtstag ihres früheren Lehrers und Geliebten nutzt sie 1969 ausdrücklich das Beispiel der »fantastischen Unternehmung« Platons, dreimal den vergeblichen Gang zum Tyrannen nach Syrakus angetreten zu haben, um Heideggers politisches Engagement nach der Machtergreifung Hitlers und das Scheitern seines Rektorats 1934 verständlich zu machen. Sie schreibt: »Nun wissen wir alle, dass auch Heidegger einmal der Versuchung nachgegeben hat, seinen ›Wohnsitz‹ zu ändern und sich in die Welt der menschlichen Angelegenheiten ›einzuschalten‹ – wie man damals so sagte. Und was die Welt betrifft, so ist es ihm noch um einiges schlechter bekommen als Plato, weil der Tyrann und seine Opfer sich nicht jenseits der Meere, sondern im eigenen Lande befanden.«

Aber in diesem heiklen Detail ihrer Vorlesung erschöpft sich ihre Auslegung Platons nicht. Vor allem betrachtet sie die Fähigkeit zum »Staunen«, die Platon im Einzelnen erwecken will. Arendt will ihren Hörern einen philosophischen Enthusiasmus vor Augen führen, der aus der »gemeinsamen Bemühung« entspringe, wie »ein Feuer, das von einem überspringenden Funken entfacht wird«. Diese Auslegung des ansteckenden Staunens zehrt zweifelsohne von den eigenen Erfahrungen mit der Leidenschaft des Denkens, die Arendt seit den Marburger Tagen – seit 1950 wieder neu – trotz der Katastrophe des Holocaust mit Martin Heidegger verband.

So verwundert es auch kaum, dass ihre Vorlesung die Welt des Philosophierens im Geist des frühen Heideggers von jener des Verstandes und Wissens scharf trennt und sie als »eigene Disziplin« im Horizont des Vermögens zum Staunen charakterisiert: »Sobald der sprachlose Zustand des Erstaunens in Worte übersetzt wird, beginnt er nicht mit Aussagen, sondern formuliert in unendlichen Variationen immer wieder das, was wir die letzten Fragen nennen: Was ist das Sein? Wer ist der Mensch? Welchen Sinn hat das Leben? Was ist der Tod? und so weiter. Alle diese Fragen haben gemeinsam, dass sie sich nicht wissenschaftlich beantworten lassen. Der sokratische Satz ›Ich weiß, dass ich nichts weiß‹ drückt diesen Mangel an wissenschaftlichen Antworten aus. Doch im Zustand des Staunens verliert der Satz seine trockene Negativität.«

VI

Sokrates steht für Arendt vor allem als Traditionsbildner der Selbsterkenntnis im Fokus, ohne die alle Rede von der Pluralität bodenlos wäre. Das Selbstgespräch bildet die notwendige Voraussetzung für eine substantielle Vielfalt der Menschen: »Die Fähigkeit, zu sprechen, und die Tatsache der menschlichen Pluralität entsprechen einander nicht nur in dem Sinne, dass ich mich mit den anderen, mit denen zusammen ich auf der Welt bin, mit Worten verständige, sondern in dem sogar noch wichtigeren Sinne, dass ich, indem ich mit mir selbst spreche, mit mir zusammenlebe.« Entlang dieser Prämisse sokratischen Denkens kann Arendt ihre Vorlesung, ganz im Sinne des *Denktagebuchs*, auf folgende anthropologische Pointe zulaufen lassen: »Die Menschen existieren nicht nur wie alle irdischen Wesen im Plural, sie tragen die Signatur dieser Pluralität in sich.«

Allerdings gilt es, einen gravierenden Unterschied wahrzunehmen, der zwischen dem Umgang mit mir selbst und mit anderen in der Darstellung Arendts besteht. Während die Toleranz für die Verschiedenheit eine wichtige Tugend ist, um zur bereichernden Vielfalt im politischen Leben zu gelangen, fokussiert Arendt für den Einzelnen das sokratische Ethos, mit sich selbst identisch zu leben. Als Grundlage ihrer Überlegungen führt sie zwei maßgebliche Einsichten des Sokrates an. Neben das berühmte delphische Orakel-Wort »kenne dich selbst« setzt sie als »Schlüsselsatz« das weniger bekannte Wort aus dem *Gorgias*: »Lieber möge die ganze Welt mir widersprechen, als dass ich selbst nicht mit mir zusammenstimme.«

Das sokratische Gebot, mit sich selbst nicht im Widerspruch zu leben, bildet nach Arendt einen anthropologischen Tiefenimpuls der griechischen Philosophie: »Die Angst vor dem Widerspruch gehört zur Aufspaltung, gehört dazu, dass man nicht länger eins mit sich ist, und aus diesem Grund konnte der Satz vom Widerspruch die fundamentale Regel des Denkens werden.« Ihren Hörern stellt sie das sokratische Gebot der inneren Widerspruchsfreiheit in Extremerfahrungen als bindend vor Augen: »Auch wenn dich niemand sieht, sollst du schon deshalb nicht töten, weil du dir unmöglich wünschen kannst, ständig mit einem Mörder zusammenzuleben. Durch einen Mord würde man sich auf Lebenszeit zum Zusammenleben mit einem Mörder verurteilen.«

In dieser Gesinnungsethik klingt eine Radikalität an, die Arendt ein Jahrzehnt später in ihren journalistischen Schriften nochmals zuspitzen wird. Im Zuge der Kontroverse um ihren Eichmann-Report, die sich vor allem an ihrer Kritik an der Kooperation der Judenräte mit den nationalsozialistischen Behörden entzündete, schreibt Arendt den Essay »Wahrheit und Politik«. Darin führt sie, ohne die polemische Debatte im Text als solche zu erwähnen, die sokratische Maxime der inneren Widerspruchsfreiheit ein: »Unrecht zu tun ist für den, der weiß, daß es unrecht ist, ein Widerspruch; und dieser Widerspruch ist unerträglich. Dies Argument ist für den Philosophen, so wie ihn Plato verstand, in der Tat zwingend, weil für Plato das Denken selbst dialogisch ist: Es ist der schweigende Dialog zwischen mir und mir selbst.« Anschließend umreißt sie die zweite sokratische Maxime, es sei besser, »Unrecht zu leiden als Unrecht zu tun«. Daraufhin schildert Arendt emphatisch, wie Sokrates sich im Prozess vor den Athener Bürgern gemäß seiner eigenen Worte bewährt habe: »Was dem Wahrheitsanspruch des sokratischen Satzes Geltung verschafft hat, ist offensichtlich eine Beweisführung sehr eigener Art, nämlich dass Sokrates sein Leben für diese Wahrheit einsetzte – nicht als er sich dem Gericht in Athen stellte, sondern als er sich weigerte, sich der Vollstreckung des Todesurteils zu entziehen. (Das Urteil tat Sokrates Unrecht, aber es war legal unanfechtbar; sich ihm zu entziehen, hätte bedeutet, Unrecht zu tun.) Sokrates hat ein Exempel statuiert, das in tausenden von Jahren unvergessen geblieben ist, und diese Probe aufs Exempel ist in der Tat die einzige ›Beweisführung‹, deren philosophische Wahrheiten fähig sind.«

Nach der eindrücklichen Schilderung des Martyriums des Sokrates weist Arendt auf Jesus als Leitfigur des Christentums und Franz von Assisi als paradigmatischen Heiligen hin, die auf ihre Weise die Tradition dieses Ethos weitergeführt hätten. Fern von einer Ethik, die äußeren Regeln und Gesetzen gehorcht, hätten beide jeweils ein »Beispiel von Tugend und Heiligkeit« gesetzt. Die Bewährung eines solchen Ethos, die gelungene »Probe aufs Exempel«, beschreibt Arendt als eine erstaunliche und bewundernswerte »Grenzerfahrung«, ohne ein konkretes Beispiel aus der eigenen Zeit zu geben.

Im Horizont der Eichmann-Kontroverse ist vorstellbar, dass Arendt an die »Grenzerfahrung« der Verantwortung dachte, die die Judenräte in vielen Ländern Europas 1944 zu tragen hatten. Sie mussten sich entscheiden, ob sie sich ihr vorläufiges Privileg, von der Deportation verschont zu bleiben, erhalten wollten, indem sie dem Befehl zur Kooperation mit den Mitarbeitern Adolf Eichmanns Folge leisteten, oder ob sie sich stattdessen konsequent weigern sollten, am Unrecht aktiven Anteil zu haben, und sich damit aber selbst der Gefahr aussetzen, sofort zum Opfer der Vernichtung zu werden.

Dass Arendt diesen Zusammenhang beim Verfassen von »Wahrheit und Politik« im Sinn gehabt haben mag, liegt auch insofern nahe, als sie zur gleichen Zeit ein Nachwort zum Tagebuch von Papst Johannes XXIII. schrieb, dessen christliche Gewissenhaftigkeit und glaubwürdige »imitato Christi« sie vollauf bewunderte. Darin erwähnt sie auch Rolf Hochhuths *Stellvertreter*, ein Drama, das das Versagen des Amtsvorgängers auf dem Heiligen Stuhl thematisiert. Pius XII. war 1944 das Konkordat der Kirche mit dem Nationalsozialismus wichtiger gewesen als der Schutz der römischen Juden, die mit Wissen des Vatikans vor dem Einrücken der Amerikaner noch deportiert wurden. Voller Anerkennung zitiert Arendt, dass Johannes XXIII., befragt, was man gegen den *Stellvertreter* tun könne, geantwortet habe: »Dagegen tun? Was kann man gegen die Wahrheit tun.«

Der hohe Anspruch der sokratisch-jesuanischen Gesinnung, den Arendt und Hochhuth als Schüler von Karl Jaspers in den frühen sechziger Jahren setzten, saß im katholischen und jüdischen Establishment als tiefer Stachel und zog entsprechend starke und bis heute wirksame Widerstände gegen den Eichmann-Report und den *Stellvertreter* nach sich. Rolf Hochhuth benannte im Drama selbst seine gesinnungsethische Prämisse. In den Anmerkungen erinnert er an katholische Priester, die freiwillig mit nach Auschwitz gingen. Auch konfrontiert die fiktive Hauptfigur, die ebenfalls diesen Weg nimmt, den Stellvertreter Christi mit der eigenen Verantwortung. Hingegen findet man bei Hannah Arendt im Eichmann-Report keine Hinweise auf diese Prämisse ihres Denkens. Und in »Wahrheit und Politik« erläutert sie das sokratische Ethos wiederum rein abstrakt, ohne einen Hinweis auf die »Grenzerfahrung« der erzwungenen Deportation europäischer Juden zu geben. So steht dieses gesinnungsethische Kernelement ihrer politischen Philosophie unverbindlich im Raum und wird doch verbindlich gemacht im harschen Urteil über jene, die anders als Sokrates um des Überlebens willen am Unrecht aktiv teil hatten.

VII

Obwohl Arendt vielleicht besser daran getan hätte, die moralische Prämisse ihres Journalismus deutlich zu machen, bleibt ihre Begeisterung für die sokratische Gesinnung ein beeindruckender Fluchtpunkt ihrer politischen Philosophie. Die Gedanken zum gewissenhaften Selbstgespräch zählen zu den kostbarsten Zügen ihres Sokrates-Porträts.

Arendts Vermächtnis, die posthum unter dem Titel *Vom Leben des Geistes* erschienenen Gifford Lectures, richtet, wie von Sokrates gelehrt, den Blick nochmals nach innen auf die Zwiesprache mit sich selbst. Mit ihnen schließt sich wenige Jahre vor Arendts plötzlichem Tod 1975 beeindruckend der Bogen, den die Vorlesung in Notre-Dame 1954 mit eröffnet hatte.

Dem freundschaftlichen Gespräch, das mich infrage stellt, korrespondiert das Selbstgespräch, das Zwei-in-Einem. Denn, so Arendt, im Sinne der frühen Vorlesung: »Auch das Selbst ist eine Art Freund.« Nüchtern, ausgestattet mit der psychologischen Sensibilität eines Nietzsche betrachtet sie die menschlichen Strategien, der Zwiesprache mit sich selbst und dem eigenen Gewissen auszuweichen. Shakespeare bietet mit dem Monolog seines fatalen Helden Richard III. auf exemplarische und unvergessliche Weise die poetische Verdichtung des inneren Dramas, das sich im moralisch zerrissenen, in sich aufgespaltenen Menschen zuträgt.

Arendt schickt dem Monolog die bohrende Frage voraus: »Was für ein Zwiegespräch kann man mit sich selbst führen, wenn in der Seele keine Harmonie herrscht, sondern innerer Krieg?« Dann überlässt sie Shakespeares sagenhaftem Tiefenblick und legendärer Sprachkraft die Bühne:

»Was führt' ich denn? Mich selbst? Sonst ist hier niemand.
Richard liebt Richard: das heißt, ich bin ich.
Ist hier ein Mörder? Nein. – Ja, ich bin hier.
So flieh'! – Wie? Vor dir selbst? Mit gutem Grund:
Ich möchte rächen. Wie? Mich an mir selbst?
Ich liebe ja mich selbst. Wofür? Für Gutes,
Das je ich selbst hätt' an mir selbst getan?
O leider, nein! Vielmehr hass' ich mich selbst,
Verhaßter Taten halb, durch mich verübt.
Ich bin ein Schurke, – doch ich lüg', ich bin's nicht.
Tor, rede gut von dir! – Tor, schmeichle nicht!«

Die Ambivalenz des Königs löst sich auf, als es Morgen wird und er, so Arendt, »aus seiner eigenen Gesellschaft in die seines Hofes kommt«. Richard III. entscheidet sich für die gewissenlose Seite und verbindet dies mit einer Rechtfertigung vor sich selbst, die später Nietzsche philosophisch entfalten wird:

> »Gewissen ist ein Wort für Feige nur,
> Zum Einhalt für den Starken erst erdacht …«.

Hannah Arendt schließt ihre literarische Betrachtung lakonisch. Nicht der öffentliche Raum, in dem sich auch das Gespräch der Freundschaft zuträgt, ist in Sachen unserer politischen Moral zuletzt entscheidend. Es ist für sie die innere Zwiesprache: »Selbst Sokrates, der den Markt liebt, muss nach Hause gehen und allein sein, wenn er den anderen Gesellen treffen will.«

Hannah Arendt

Sokrates

I

»Die Eule der Minerva beginnt erst mit der einbrechenden Dämmerung ihren Flug.« Was Hegel von der Philosophie sagt, kann eigentlich nur für die Geschichtsphilosophie gelten. Es gilt für die Geschichte und entspricht der Perspektive der Historiker. Hegel kam natürlich zu dieser Formulierung, weil er glaubte, die eigentliche Philosophie habe in Griechenland erst mit Platon und Aristoteles begonnen – und diese schrieben, als die Polis und die ruhmreiche Zeit der griechischen Geschichte bereits am Ende waren. Heute wissen wir, dass Platon und Aristoteles nicht den Beginn, sondern den Höhepunkt des griechischen Philosophierens darstellen. Und dieses hatte seinen Flug begonnen, als Griechenland seinen Höhepunkt erreichte oder kurz davor stand. Doch wurden Platon und Aristoteles zum Beginn der abendländischen philosophischen Tradition, und dieser Beginn – im

Unterschied zum Anfang des griechischen Philosophierens – trat in der Tat ein, als das lebendige politische Leben Griechenlands schon seinem Ende entgegenging. In der gesamten Tradition des philosophischen und insbesondere des politischen Denkens ist vielleicht kein Umstand von solcher Bedeutung und von so großem Einfluss gewesen wie der, dass Platon und Aristoteles im vierten Jahrhundert schrieben – also unter dem massiven Einfluss einer politisch verfallenden Gesellschaft.

Es stellte sich nämlich das Problem, wie der Mensch der Polis auch außerhalb der Politik existieren kann. Diese Frage – die manchmal eine seltsame Ähnlichkeit mit der Problematik unserer Epoche hat – bedeutete, ob es möglich ist, zu leben, ohne einem politischen Verband anzugehören, also in einem apolitischen Zustand im Sinne der (wie wir heute sagen würden) Staatenlosigkeit. Noch bedeutsamer war die Kluft, die sich zwischen Gedanke und Tat öffnete und seitdem nie wieder geschlossen hat. Alles Denken, das nicht lediglich die Mittel zur Erreichung eines Zieles kalkuliert, sondern sich mit einem Sinn (in des Wortes allgemeinster Bedeutung) befasst, wurde zu einem »Nachdenken«, einem Denken, das nachträglich erfolgte – nachdem das Handeln die Wirklichkeit bestimmt und entschieden hatte. Das Handeln andererseits, die Aktion, wurde in den sinnlosen Bereich des Akzidentiellen verwiesen.

II

Der Abgrund zwischen Philosophie und Politik öffnete sich historisch mit dem Prozess und der Verurteilung des Sokrates, die in der Geschichte des politischen Denkens denselben Wendepunkt markieren wie Prozess und Verurteilung Jesu in der Geschichte der Religion. Unsere Tradition des politischen Denkens begann, als Platon angesichts von Sokrates' Tod am Leben in der Polis verzweifelte und gleichzeitig an einigen Grundsätzen des sokratischen Denkens irre wurde. Dass es Sokrates nicht gelungen war, die Richter von seiner Unschuld und seinen Verdiensten zu überzeugen (die doch für die besseren und die jüngeren unter den athenischen Bürgern so offensichtlich waren), ließ Platon an der sokratischen Überredungskunst zweifeln. Es fällt uns schwer, diesen furchtbaren Zweifel nachzuvollziehen, weil »überreden« nur eine schwache Übersetzung des griechischen *peithein* ist. Dessen politische Bedeutung zeigt sich darin, dass Peitho, die Göttin der Überredung, in Athen einen Tempel hatte. Das Überreden, *peithein*, war die spezifisch politische Form der Rede, und die Athener waren stolz darauf, im Gegensatz zu den Barbaren ihre politischen Angelegenheiten durch die öffentliche Rede und nicht durch den Zwang zu regeln. Die Rhetorik, die Technik der Überredung, galt ihnen als die höchste, die wahrhaft politische Kunst. Die

Apologie des Sokrates ist eines der großen Beispiele hierfür, und gegen diese Verteidigungsrede schreibt Platon im *Phaidon* eine »revidierte Apologie«, die er ironisch »noch überredungskräftiger« nennt (*pithanoteron*, 63b), da sie mit einem Mythos vom Jenseits endet, wo körperliche Strafen und Belohnungen stattfinden werden (was die Zuhörer eher erschreckt als argumentativ überredet). Sokrates hatte in seiner Verteidigungsrede vor den Bürgern und Richtern Athens betont, dass sein Verhalten zum Besten der Stadt sei. Im *Kriton* hatte er seinen Freunden erklärt, dass er vor dem Verfahren nicht fliehen durfte, sondern aus politischen Gründen die Todesstrafe erleiden musste. Anscheinend misslang es ihm nicht nur, die Richter zu überzeugen, auch seine Freunde erreichte er nicht mit seinen Argumenten. Also wusste die Polis mit einem Philosophen nichts anzufangen und dessen Freunde nichts mit seiner politischen Argumentation. Das gehört zu der Tragödie, von welcher Platons Dialoge Zeugnis ablegen.

In enger Verbindung mit seinem Zweifel an der Effektivität des Überredens steht Platons wütende Polemik gegen die *doxa*, die bloße Meinung. Diese Polemik zieht sich nicht nur wie ein roter Faden durch seine politischen Werke, sie gehört zu den Grundlagen seines Wahrheitsbegriffs. Die platonische Wahrheit ist selbst dort, wo diese *doxa* nicht eigens erwähnt wird, immer der genaue Gegensatz zur beliebigen Meinung. Das Schauspiel, wie Sokrates seine eigene *doxa* gegen die unverantwortlichen Meinungen der Athener stellt und von einer Mehrheit niedergestimmt wird, brachte Platon dazu, Meinungen insgesamt zu verachten und sich nach absoluten Maßstäben zu sehnen. Maßstäbe, an denen sich Handlungen messen ließen und an denen das Denken eine gewisse Verlässlichkeit gewinnen konnte, waren von nun an das Hauptziel seiner politischen Philosophie; der Wunsch nach ihnen beeinflusste selbst die rein philosophische Lehre von den Ideen entscheidend.

Ich glaube zwar nicht, dass die Ideenlehre – wie man oft hören kann – vor allem ein Repertoire von Regeln sein sollte oder dass ihr Ursprung politisch war. Eine solche Interpretation lässt sich aber durchaus begründen. Sie ist sehr verständlich, weil Platon selbst als Erster die Ideen zu politischen Zwecken gebrauchte – um absolute Maßstäbe in das Reich der menschlichen Angelegenheiten einzuführen, wo sonst – ohne Maße, die das Irdische transzendieren – alles relativ bliebe. Wie Platon selbst bemerkte, wissen wir nicht, was absolute Größe ist, wir wissen nur, dass etwas größer oder kleiner in Bezug auf etwas anderes ist.

III

Unter den Schlüssen, die Platon aus dem Prozess gegen Sokrates zog, kehrte sich gewiss jener am stärksten gegen Sokrates selbst: dass es einen unversöhnlichen Gegensatz gibt zwischen Wahrheit und Meinung. Insofern es Sokrates nicht gelang, die Polis zu überzeugen, hatte er bewiesen, dass der Staat kein sicherer Ort für den Philosophen ist – nicht nur, weil er dort wegen der Wahrheit, die er besitzt, seines Lebens nicht sicher ist, sondern auch in dem viel wichtigeren Sinne, dass man der Polis nicht zutrauen kann, das Andenken des Philosophen zu bewahren. Wenn die Bürger Sokrates zum Tode verurteilen konnten, dann würden sie ihn sehr wahrscheinlich auch nach seinem Tode vergessen. Seine irdische Unsterblichkeit war nur dann gesichert, wenn die Philosophen eine eigene Solidarität entwickelten, welche jener der Polis entgegengesetzt war. Das alte Argument gegen die *sophoi*, die Weisen, das sich bei Platon ebenso wie bei Aristoteles findet: dass sie nicht einmal wissen, was gut für sie selbst ist (was doch Voraussetzung politischer Weisheit wäre), und dass sie lächerlich wirken, wenn sie auf dem Marktplatz erscheinen, wo sie zum Gespött werden (wie Thales von einer Magd ausgelacht wurde, als er im Einhergehen nach den Sternen sah und in einen Brunnen fiel) – dieses Argument kehrte Platon gegen den Staat.

Um ermessen zu können, was so ungeheuerlich an Platons Forderung war, dass der Philosoph Herrscher im Staat werden solle, müssen wir uns jener Vorurteile erinnern, welche die Polis gegen die Philosophen hatte (nicht jedoch gegen die Künstler und Dichter). Der *sophos*, der nicht weiß, was gut für ihn ist, weiß umso weniger, was gut für den Staat wäre. Der *sophos* als Herrscher muss als Gegensatz des zeitgenössischen Ideals vom *phronimos* gesehen werden, dem verständigen Mann, dessen Einsichten in die menschlichen Angelegenheiten ihn zur Führerschaft befähigen, wenn auch natürlich nicht zur Herrschaft. Philosophie, die Liebe zur Weisheit, galt als völlig verschieden von dieser *phronēsis*. Der Weise ist allein mit Dingen außerhalb der Polis beschäftigt, und Aristoteles stimmt ganz mit dieser verbreiteten Vorstellung überein, wenn er sagt: »Anaxagoras und Thales waren weise Männer, aber nicht verständig. Sie waren nicht an dem interessiert, was gut ist für die Menschen *(anthrōpina agatha)*.« (*Nikomachische Ethik* 1140a 25–30; 1141b 4–8) Platon bestritt nicht, dass es die Aufgabe des Philosophen war, sich mit ewigen, unveränderlichen, nichtmenschlichen Dingen zu befassen. Doch glaubte er nicht, dass ihn dies unfähig mache, eine politische Rolle zu spielen. Er teilte die Schlussfolgerung der Polis nicht, dass der Philosoph, der kein Interesse an dem hatte, was für die Menschen gut war, stets in Gefahr schwebte, selbst zu einem Taugenichts zu werden. Der Begriff des Guten *(agathon)* hat hier keine Beziehung zu dem, was wir im absoluten Sinne mit »gut« meinen, er meint ausschließlich »gut zu etwas«, zuträglich oder nützlich *(chrēsimon)*, und deshalb ist dieses »Gute« instabil und zufällig, weil es nicht notwendig das ist, was es jeweils ist, sondern immer verschieden sein könnte. Der Vorwurf, die Philosophie beraube die Bürger ihrer Tauglichkeit, ist in Perikles' berühmtem Satz enthalten: *philokaloumen met' euteleias kai philosophoumen aneu malakias* – wir lieben das Schöne mit Maßen und die Weisheit ohne Weichlichkeit (bei Thukydides, II, 40). Anders als für uns heute, die wir die Gefahr einer unmännlichen Weichlichkeit eher in der Liebe zum Schönen sähen, befürchteten die Griechen das bei der Philosophie. Nicht die Liebe zum Schönen (das in der Polis überall begegnete, in Statuen und Dichtungen, in Musik und olympischen Wettkämpfen), sondern die Philosophie, die Konzentration auf die Wahrheit jenseits der menschlichen Angelegenheiten, trieb ihre Anhänger aus der Polis und machte sie ungeeignet für das Leben im Staat. Indem Platon die Herrscherwürde für den Philosophen beanspruchte, weil er allein die Idee des Guten, also die höchste aller ewigen Wesenheiten, wahrnehmen konnte, stellte er sich zweifach gegen die Polis: Er behauptete nicht nur, dass die Konzentration auf die ewigen Dinge den Philosophen durchaus nicht zu einem

Taugenichts im Staate mache, er erhob sogar den Anspruch, die ewigen Dinge seien sogar noch »wertvoller«, als sie schön waren. Seine Antwort an Protagoras, dass nicht der Mensch das Maß aller menschlichen Dinge sei, sondern ein Gott, ist nur eine weitere Version dieser Behauptung (*Nomoi* 716c).

Platons Erhebung der Idee des Guten auf den höchsten Platz im Reich der Ideen, ihre Beförderung zur Idee der Ideen schlechthin, findet sich im Zusammenhang des Höhlengleichnisses und muss in dessen politischem Zusammenhang gesehen werden. Sie ist nicht so selbstverständlich, wie wir (die wir mit den Folgen der platonischen Tradition aufgewachsen sind) dies zunächst annehmen würden. Platon ließ sich offensichtlich von dem berühmten griechischen Ideal der Kalokagathie (des *kalon k'agathon*, des Schönen und Guten) leiten, und es ist bezeichnend, dass er sich nicht für das Schöne, sondern für das Gute entschied. Vom Standpunkt der Ideenwelt aus gesehen – die Ideen werden definiert als das, dessen Erscheinung uns erleuchtet – hätte das Schöne, das sich nicht benutzen lässt, sondern nur erglänzt, ein viel größeres Recht gehabt, zur Idee der Ideen zu werden. Der Unterschied zwischen dem Guten und dem Schönen besteht nicht nur für uns, sondern in noch stärkerem Maße für die Griechen darin, dass das Gute angewendet werden kann; es trägt Nützlichkeit in sich. Nur weil das

Reich der Ideen bei Platon von der Idee des Guten erleuchtet wird, konnte er die Ideen zu politischen Zwecken heranziehen und in den *Nomoi* seine Ideokratie errichten, wo ewige Ideen in menschliche Gesetze übersetzt werden.

Was in Platons Staat als rein philosophisches Argument auftritt, war von einer ausschließlich politischen Erfahrung bestimmt: Prozess und Tod des Sokrates. Und es war nicht Platon, sondern Sokrates, der als erster Philosoph die Grenze zu überschreiten versuchte, welche die Polis dem *sophos* gezogen hatte, dem Mann, der sich mit ewigen, nichtmenschlichen und nichtpolitischen Dingen befasst. Die Tragödie von Sokrates' Tod beruht auf einem Missverständnis: Die Polis begriff nicht, dass Sokrates gar nicht den Anspruch erhob, ein *sophos* zu sein. Da er bezweifelte, dass die Weisheit etwas für Sterbliche ist, war ihm die Ironie in dem Spruch des delphischen Orakels klar, Sokrates sei der Weiseste von allen Menschen: Der Mann, der weiß, dass die Menschen nicht weise sein können, ist der Weiseste. Die Polis glaubte ihm nicht und bestand darauf, er solle gestehen, dass er wie alle *sophoi* politisch nichts tauge. Doch als Philosoph hatte er wahrhaftig seine Mitbürger nichts zu lehren.

IV

Der Konflikt zwischen dem Philosophen und dem Staat hatte sich zugespitzt, als Sokrates neue Forderungen an die Philosophie erhoben hatte – eben weil er nicht beanspruchte, weise zu sein. Und diese Situation ist es, in welcher Platon seine Tyrannei der Wahrheit entwarf, in welcher nicht das regieren soll, was zeitlich gut ist und wozu man die Menschen überreden kann, sondern die ewige Wahrheit, zu der sich die Menschen nicht überreden lassen. Die sokratische Erfahrung hatte gezeigt, dass allein seine eigene Herrschaft dem Philosophen die irdische Unsterblichkeit sichern konnte, welche die Polis allen ihren Bürgern garantieren sollte. Denn während die Gedanken und Taten aller Menschen von ihrem eigenen ungewissen Wesen und von der allgemeinen menschlichen Vergesslichkeit gefährdet waren, waren die Gedanken des Philosophen von willkürlicher Verdrängung bedroht. Dasselbe Gemeinwesen also, das seinen Bewohnern eine Unsterblichkeit sicherte, welche sie ohne die Polis niemals erwarten durften, war eine Gefahr für die Unsterblichkeit des Philosophen. Es traf zwar zu, dass der Philosoph, der mit den ewigen Dingen umging, weniger als irgendjemand sonst das Bedürfnis nach irdischer Unsterblichkeit fühlte. Doch die Ewigkeit, die mehr war als irdische Unsterblichkeit, geriet jedes Mal in Konflikt mit der Polis, wenn der

Philosoph versuchte, seinen Mitbürgern mitzuteilen, was ihn beschäftigte. Sobald der Philosoph seine Wahrheit, den Abglanz der Ewigkeit, der Polis vorlegte, war sie auch schon zur Meinung unter Meinungen geworden. Sie hatte ihr ureigenes Wesen verloren, denn es gibt kein sichtbares Erkennungszeichen, das Wahrheit von Meinung unterschiede. Es ist, als würde das Ewige in dem Moment, da es unter die Leute gebracht wird, irdisch – sodass bereits die Diskussion mit anderen darüber die Existenz jenes Reiches bedroht, in dem sich die Liebhaber der Weisheit bewegen.

Aus dem Prozess gegen Sokrates zog Platon seine Konsequenzen: Er gelangte zu seiner Auffassung von der Wahrheit (als etwas der Meinung vollkommen Entgegengesetztem) und zu der Vorstellung von einer besonderen Redeweise, dem *dialegesthai*, als dem Gegensatz einer rhetorischen Rede, die überreden will. Aristoteles setzt diese Unterschiede als selbstverständlich voraus, wenn er seine Abhandlung über Rhetorik beginnt. Sie gehört ebenso wie die *Ethik* zu seinen politischen Schriften, und sie behauptet: *hē rhētorikē estin antistrophos tē dialektikē* (»Die Rhetorik ist das Gegenstück« – die »Gegenstrophe« – »der Dialektik«, also: Die politische Überredungskunst ist das Gegenstück der philosophischen Rede; *Rhetorik* 1354a 1). Der Hauptunterschied liegt darin, dass die Überredungskunst sich immer an eine Menge wendet *(peithein ta plēthē)*, während die Dialektik nur als ein Dialog zwischen Individuen möglich ist. Sokrates' Fehler war es, seine Richter in dialektischer Form anzureden, und deshalb konnte er sie nicht überreden. Seine Wahrheit andererseits wurde – da er die Grenzen der Überredungstechnik respektierte – zu einer bloßen Meinung unter anderen, auch nicht mehr wert als die Nichtwahrheiten der Richter. Sokrates bestand darauf, die Sache mit seinen Richtern so durchzugehen, wie er alle möglichen Themen mit einzelnen athenischen Bürgern oder mit seinen Schülern durchging, und er glaubte, er könne so zu einer Wahrheit gelangen und die anderen von dieser Wahrheit überzeugen. Doch beruht Überredungskunst nicht auf der Wahrheit, sondern auf Meinungen (*Phaidros* 260a). Für Platon bedeutet von daher das Überreden einer Menge, all diesen Menschen mit ihren vielfältigen Meinungen die eigene Meinung aufzuzwingen; so ist die Überredung nicht das Gegenteil von Gewaltherrschaft, sondern nur eine Form derselben. Die Mythen von einem Jenseits, mit welchen Platon alle seine politischen Dialoge (mit Ausnahme der *Nomoi*) beschließt, sind weder Wahrheit noch lediglich Meinung; sie sind konstruiert als Geschichten, die zu erschrecken vermögen, also als ein Versuch, Gewalt lediglich durch Worte auszuüben. In den *Nomoi* kommt er ohne einen abschließenden Mythos aus, weil die detaillierten Vorschriften und die noch detaillierteren Beschreibungen von Strafen die weitere Gewalt durch Worte überflüssig machen. Obwohl es mehr als wahrscheinlich ist, dass Sokrates der Erste war, der das Prinzip des *dialegesthai* (das gemeinsame Durchsprechen eines Themas) systematisch anwandte, sah er darin wohl keinen Gegensatz oder auch nur ein Gegenstück zur Überredung, und es ist gewiss, dass er die Ergebnisse dieser Dialektik nicht als der *doxa*, der Meinung, entgegengesetzt sah. Für Sokrates war die *doxa* wie für seine Mitbürger der sprachliche Ausdruck dessen, was *dokei moi* – was »mir scheint«. Diese *doxa* hatte zum Gegenstand nicht das, was Aristoteles das *eikos*, das Wahrscheinliche, nannte, also die vielen *verisimilia* (im Unterschied einerseits zu dem *unum verum*, dem einen Wahren, und andererseits zu den unendlichen Falschheiten, den *falsa infinita*), sondern die Erfassung der Welt, »wie sie sich mir eröffnet«. Sie war also nicht subjektive Fantasterei und Willkür, sie war aber auch nicht etwas Absolutes und Allgemeingültiges. Die Annahme war, dass sich die Welt jedem Menschen verschieden eröffnet, je nach seiner Stellung in ihr, und dass die »Gleichheit« der Welt, ihre Gemeinsamkeit (*koinon*, wie die Griechen sagten: allen gemein), ihre Objektivität (wie wir vom subjektiven Standpunkt der modernen Philosophie aus sagen würden) sich daraus ergibt, dass sich ein und dieselbe Welt jedem anders eröffnet und dass trotz aller Unterschiede zwischen den Menschen und ihren Stellungen in der Welt – und insofern ihren *doxai*, ihren Meinungen – »du und ich beide Menschen sind«.

Das Wort *doxa* bedeutet nicht nur Meinung, sondern auch Glanz und Ruhm. Insofern steht es mit der Politik in Verbindung, der Öffentlichkeit, in der jeder erscheinen kann und zeigen, wer er ist. Seine eigene Meinung zu vertreten, das gehörte zu der Fähigkeit, sich zu zeigen, von anderen gehört und gesehen zu werden. Für die Griechen war dies das große Privileg, das mit der Öffentlichkeit zusammenhing und das dem privaten Haushalt fehlte, wo man nicht von anderen gesehen und gehört wurde (Frauen und Kinder, Sklaven und Diener galten natürlich nicht als vollwertige Menschen). Im Privatleben ist man verborgen und kann nicht erscheinen und glänzen, und deshalb ist dort keine *doxa* möglich. Sokrates, der öffentliche Ämter und Würden ablehnte, zog sich nie in dieses Privatleben zurück, sondern er bewegte sich im Gegenteil immer auf dem Marktplatz, inmitten der *doxai*. Was Platon später *dialegesthai* nannte, bezeichnete Sokrates selbst als Maieutik, Hebammenkunst; er wollte anderen helfen, zum Vorschein zu bringen, was sie dachten, und eine Wahrheit in ihrer *doxa* zu finden.

Die Bedeutung dieser Methode lag in einer doppelten Überzeugung: Jedermann hat seine eigene *doxa*, seine eigene Perspektive auf die Welt, und Sokrates muss daher stets mit Fragen beginnen. Er kann nicht vorher wissen, über welche Art des *dokei moi*, des So-scheint-es-Mir, der andere verfügt. Er muss sich der Stellung des anderen in der gemeinsamen Welt versichern. Und so wie niemand vorab die *doxa* des anderen kennen kann, kann auch niemand aus sich selbst und ohne weitere Anstrengung die Wahrheit wissen, die seine eigene Meinung birgt. Sokrates wollte die Wahrheit an den Tag bringen, die jeder potentiell besitzt. Wenn wir uns an seine eigene Metapher von der Maieutik halten, können wir sagen: Sokrates wollte den Staat wahrhaftiger machen, indem er den Wahrheiten der Bürger auf die Welt half. Die Methode hierfür ist das *dialegesthai*, das Durchsprechen von etwas, doch diese Dialektik bringt Wahrheit nicht hervor, indem sie die *doxa* zerstört, sondern sie enthüllt im Gegenteil die *doxa* in ihrer eigenen Wahrheit. Die Rolle des Philosophen besteht also nicht darin, den Staat zu regieren, sondern dessen Bürger permanent zu irritieren (mit dem von Sokrates gebrauchten Bild: wie eine lästige summende Bremse); er muss nicht philosophische Wahrheiten verkünden, er hat die Bürger wahrhaftiger zu machen. Der Unterschied zu Platon ist entscheidend: Sokrates will nicht so sehr die Bürger erziehen als ihre *doxai* verbessern, die Meinungen, welche das politische Leben bildeten, an dem er teilnahm. Für Sokrates war die Maieutik eine politische Aktivität, ein Austausch (prinzipiell auf der Grundlage strikter Egalität), dessen Früchte nicht danach beurteilt werden konnten, dass man bei dem Ergebnis dieser oder jener Wahrheit ankommen musste. Es gehört insofern immer noch zur sokratischen Tradition, dass Platons frühe Dialoge häufig unschlüssig enden, ohne Ergebnis. Etwas durchgesprochen zu haben, über etwas geredet zu haben, über die *doxa* eines Bürgers – das schien Ergebnis genug.

Es ist klar, dass diese Art von Dialog, die kein Ergebnis braucht, um bedeutsam zu sein, für Freunde am besten geeignet ist und bei ihnen am häufigsten vorkommt. Tatsächlich besteht Freundschaft zu einem großen Teil aus dem Sprechen der Freunde über Gemeinsames. Indem sie das tun, erhöht sich der Grad der Gemeinsamkeit noch. Sie artikuliert sich nicht nur deutlicher, sie entwickelt sich, sie weitet sich aus, und endlich wird sie im Laufe der Zeit und des Lebens zu einer kleinen Welt für sich, welche die Freunde sich teilen. Mit anderen Worten: Sokrates versuchte, aus den Bürgern Athens Freunde zu machen, und dies war ja auch ein sehr verständliches Vorhaben in einer Stadt, deren Leben aus einem unaufhörlichen leidenschaftlichen Wettbewerb aller mit allen bestand, aus dem *aei aristeuein*, dem ständigen Versuch, der Erste zu sein. Durch diesen agonalen Geist, der schließlich der Ruin der griechischen Stadtstaaten sein sollte, weil er es ihnen nahezu unmöglich machte, Bündnisse zu schließen, und der auch das Leben innerhalb der einzelnen Gemeinwesen mit Neid und Hass vergiftete (der Neid war das Nationallaster des alten Griechenland), fand sich der Staat ständig bedroht. Da die Gemeinsamkeit der politischen Welt nur durch die Mauern der Stadt und die Grenzen ihrer Gesetze hergestellt wurde, war sie in den Beziehungen zwischen den Bürgern nicht sichtbar oder erfahrbar – die Bürger fanden sie nicht in der allen gemeinen Welt, die zwischen ihnen lag, wenn sie sich auch jedem auf verschiedene Weise eröffnete. Wollen wir Aristoteles' Terminologie gebrauchen, um Sokrates besser zu verstehen (und ein großer Teil der politischen Philosophie des Aristoteles, insbesondere jener, wo er in ausdrücklichem Widerspruch zu Platon steht, geht auf Sokrates zurück), dann können wir jene Partie der *Nikomachischen Ethik* zitieren, wo Aristoteles erläutert, dass ein Gemeinwesen nicht von vornherein aus Gleichen besteht, sondern im Gegenteil aus Menschen, die verschieden und ungleich sind. Das eigentliche Gemeinwesen bildet sich dann durch »Angleichung«, *isasthēnai*, heraus (*Nikomachische Ethik* 1133a 14). Diese »Angleichung« findet in allen Akten des Austausches statt – beispielsweise zwischen dem Arzt und dem Bauern – und beruht auf Geld. Die politische, nichtökonomische Form der Gleichung aber ist die Freundschaft, *philia*. Dass Aristoteles Freundschaft analog zu Bedarf und Tausch sieht, hängt mit dem wesentlich materialistischen Charakter seiner politischen Philosophie zusammen, das heißt: mit seiner Überzeugung, dass man die Politik letztendlich deshalb braucht, weil die Menschen sich von den Notwendigkeiten des Lebens emanzipieren wollen. So wie das Essen nicht das Leben ist, sondern dessen Bedingung, ist das Zusammenleben in der Polis nicht bereits das gute Leben, sondern dessen materielle Voraussetzung. Er betrachtet deshalb Freundschaft im Grunde vom Standpunkt des einzelnen Bürgers aus, nicht von dem der Polis: Die höchste Rechtfertigung für Freundschaft besteht darin, dass »niemand ohne Freunde leben wollte, auch wenn er alle anderen Güter besäße« (1155a 5). Der Prozess der »Angleichung« in der Freundschaft bedeutet natürlich nicht, dass die Freunde einander gleich werden, sondern vielmehr, dass sie gleichwertige Partner in einer gemeinsamen Welt sind – dass sie zusammen eine Gemeinschaft bilden. Gemeinschaft wird von der Freundschaft hervorgebracht, und es ist klar: Diese Darstellung des Gleichwertigwerdens hat als polemische Pointe die Kritik an der ständig wachsenden Differenzierung der Bürger in einer agonalen Gesellschaft. Aristoteles kommt zu dem Schluss, dass es die Freundschaft ist und nicht die Gerechtigkeit (wie Platon es in der *Politeia* behauptete), welche als einigendes Band der Gemeinschaften erscheint. Für Aristoteles steht die Freundschaft über der Gerechtigkeit, weil es zwischen Freunden gar nicht mehr der Gerechtigkeit bedarf (1155a 20–30).

Das politische Element der Freundschaft liegt darin, dass in einem wahrhaftigen Dialog jeder der Freunde die Wahrheit begreifen kann, die in der Meinung des anderen liegt. Der Freund begreift nicht so sehr den anderen als Person – er erkennt, auf welche besondere Weise die gemeinsame Welt dem anderen erscheint, der als Person ihm selbst immer ungleich und verschieden bleibt. Diese Art von Verständnis – die Fähigkeit, die Dinge vom Standpunkt des anderen aus zu sehen, wie wir es gern ein wenig trivial formulieren – ist die politische Einsicht *par excellence*. Wenn wir die wichtigste Tugend eines Staatsmannes auf traditionelle Weise definieren wollten, könnten wir sagen: Sie besteht darin, die größtmögliche Zahl und die verschiedensten Arten von Wirklichkeiten (nicht von subjektiven Standpunkten, die es natürlich auch gibt, die hier aber nicht interessieren) zu verstehen – zu verstehen, wie diese Wirklichkeiten sich den jeweiligen *doxai*, den Meinungen der Bürger, eröffnen, und gleichzeitig zwischen den Bürgern mit ihren Meinungen kommunikativ so zu vermitteln, dass die Gemeinsamkeit der Welt erkennbar wird. Soll ein solches Verständnis – mit der sich daraus ergebenden Praxis – ohne die Hilfe eines Staatsmannes entstehen, dann wäre die Voraussetzung hierfür, dass jeder Bürger sich artikulieren kann, um seine Meinung in ihrer Wahrhaftigkeit zu zeigen und deshalb auch seine Mitbürger zu verstehen.

Sokrates hat offenbar geglaubt, die politische Funktion des Philosophen bestehe darin, bei der Herstellung dieser gemeinsamen Welt zu helfen, die errichtet ist auf einer Art von Freundschaft, bei der keine Herrschaft notwendig ist.

Hierbei verließ sich Sokrates auf zwei Einsichten, deren eine in der berühmten Formulierung des apollinischen Orakels zu Delphi enthalten ist: *gnōthi sauton*, »Erkenne« – oder vielleicht besser: – »kenne dich selbst«, und deren andere von Platon überliefert wird (und ihren Widerhall bei Aristoteles findet): »Lieber möge die ganze Welt mir widersprechen, als dass ich selbst nicht mit mir zusammenstimme« (*Gorgias* 482c). Das ist der Schlüsselsatz für die sokratische Überzeugung, dass sich die Tugend lehren und lernen lässt.

Im sokratischen Verständnis bedeutete das delphische »Erkenne dich selbst«: Nur dadurch, dass ich weiß, was mir scheint – nur *mir* allein, deshalb ist es für immer mit meiner eigenen konkreten Existenz verbunden –, kann ich je die Wahrheit begreifen. Eine absolute Wahrheit, welche für alle Menschen gleich wäre und insofern keinerlei Beziehung zur Individualität hätte, kann es für uns Sterbliche nicht geben. Für uns ist es entscheidend, die *doxa* wahrhaftig werden zu lassen, in jeder *doxa* Wahrheit zu erkennen und so zu reden, dass die Wahrheit der eigenen Meinung sich uns selbst und den anderen erschließt. Hier bedeutet das sokratische »Ich weiß, dass ich nichts weiß« nichts anderes als: Ich weiß, dass ich nicht für jedermann die Wahrheit habe; ich kann die Wahrheit des anderen nur erfahren, indem ich ihn ausfrage und so seine *doxa* kennenlerne, die sich in ihm und in keinem anderen offenbart. In seiner stets ambivalenten Manier hatte das Orakel von Delphi Sokrates die Ehre erwiesen, ihn den weisesten aller Menschen zu nennen, weil er die Grenzen der Wahrheit für Sterbliche akzeptiert hatte, ihre Begrenztheit im *dokein*, dem Scheinen, und weil er gleichzeitig im Gegensatz zu den Sophisten entdeckt hatte, dass *doxa* weder private Illusion noch willkürliche Verzerrung war, sondern im Gegenteil genau das, worin sich die Wahrheit unweigerlich zeigte. Wenn die Quintessenz der sophistischen Lehre im Prinzip der *dyo logoi* bestand, in der Überzeugung, dass sich jede Frage auf zwei verschiedene Weisen beantworten lässt, so war Sokrates der größte Sophist von allen. Denn er glaubte, dass es so viele verschiedene *logoi* gab oder geben sollte, wie es Menschen gab, und dass erst alle diese *logoi* zusammen die menschliche Welt bilden, insoweit die Menschen als Redende zusammenleben.

Für Sokrates war das hauptsächliche Kriterium für den Menschen, der seine eigene *doxa* wahrhaftig ausspricht, dass er »mit sich selbst zusammenstimme« – dass er sich nicht widerspreche und keine widersprüchlichen Dinge sage; die meisten Menschen tun dies, und doch haben wir alle irgendwie Angst davor. Die Angst vor der Widersprüchlichkeit beruht darauf, dass jeder von uns ein einziger Mensch ist und doch mit sich selbst *(eme emautō)* zu reden vermag, als wäre er zwei. Weil ich bereits aus einer gespaltenen Einheit bestehe (jedenfalls, wenn ich zu denken versuche), kann ich auch in einem Freund – um Aristoteles' Formulierung zu verwenden – ein »anderes Selbst« sehen *(heteros gar autos ho philos estin)*. Nur jemand, der die Erfahrung gemacht hat, dass er mit sich selbst redet, ist in der Lage, ein Freund zu sein, sich ein anderes Selbst zuzulegen. Die Bedingung ist, dass er sich mit sich selber einig ist, mit sich selbst übereinstimmt *(homognōmonei heautō)*, denn wer sich selbst widerspricht, ist unzuverlässig. Die Fähigkeit, zu sprechen, und die Tatsache der menschlichen Pluralität entsprechen einander nicht nur in dem Sinne, dass ich mich mit den anderen, mit denen zusammen ich auf der Welt bin, mit Worten verständige, sondern in dem sogar noch wichtigeren Sinne, dass ich, indem ich mit mir selbst spreche, mit mir zusammenlebe (*Nikomachische Ethik* 1166a 10–15; 1170b 5–10).

Der Satz vom Widerspruch, mit dem Aristoteles die abendländische Logik begründet hat, lässt sich zu dieser grundlegenden Einsicht des Sokrates zurückverfolgen. Insofern ich Einer bin, werde ich mir nicht widersprechen, aber ich kann es doch, weil ich in Gedanken aufgespalten, Zwei-in-Einem bin;

deshalb lebe ich nicht nur zusammen mit anderen, als Einer, sondern lebe auch mit mir selbst. Die Angst vor dem Widerspruch gehört zur Aufspaltung, gehört dazu, dass man nicht länger eins mit sich ist, und aus diesem Grund konnte der Satz vom Widerspruch die fundamentale Regel des Denkens werden. Dies ist auch der Grund, weshalb die menschliche Pluralität philosophisch nie ganz eliminiert werden kann und weshalb das Entrinnen des Philosophen aus ihrem Bezirk immer etwas Illusorisches hat. Selbst wenn ich ganz allein leben würde, so lebte ich doch mein Leben lang im Zustand der Pluralität. Ich muss mit mir selber zurechtkommen, und nirgendwo zeigt sich dieses Ich-mit-mir deutlicher als im abstrakten Denken, das immer ein Dialog in der Gespaltenheit, zwischen den Zweien-in-Einem ist. Der Philosoph, welcher der Grundbedingung der menschlichen Pluralität zu entkommen sucht und in die absolute Einsamkeit flieht, ist dieser jedem Menschen inhärenten Pluralität sogar noch radikaler ausgeliefert als ein anderer. Denn es ist ja das Gespräch mit anderen, das mich aus dem aufspaltenden Gespräch mit mir selbst herausreißt und mich wieder zu Einem macht – zu einem einzigen, einzigartigen Menschen, der nur mit einer Stimme spricht und von allen als ein einziger Mensch erkannt wird.

Worauf Sokrates hinauswollte (und was die Freundschaftstheorie des Aristoteles ausführlicher erklärte), das ist der Umstand, dass das Zusammenleben mit anderen damit beginnt, dass man mit sich selber zusammenlebt. Sokrates' Lehre hieß: Nur wer versteht, mit sich selbst zu leben, ist geeignet für das Leben mit anderen. Das Selbst ist die einzige Person, die ich nicht verlassen kann, mit der ich zusammengeschweißt bin. Deshalb »möge lieber die ganze Welt mir widersprechen, als dass ich selbst nicht mit mir zusammenstimme«. Die Ethik hat ebenso wie die Logik ihren Ursprung in dieser Aussage, denn das Vorhandensein eines Gewissens beruht ebenfalls darauf, dass ich mit mir selbst übereinstimmen kann oder nicht, und das bedeutet, dass ich nicht nur anderen erscheine, sondern auch mir selbst. Diese Möglichkeit ist von größter Bedeutung für die Politik, wenn wir (wie die Griechen es taten) den Staat als den öffentlich-politischen Bereich begreifen, wo man seine ganze Menschlichkeit erlangt, die ganze Wirklichkeit als Mensch, weil man dort nicht nur einfach *ist* (wie im privaten Hauswesen), sondern *in Erscheinung tritt*. Wie sehr die Griechen die ganze Wirklichkeit als Wirklichkeit der Erscheinung sahen und eine wie große Rolle diese Erscheinung auch moralisch spielte, können wir an der wiederkehrenden Frage in Platons Dialogen ablesen, ob eine gute Tat – oder eine Tat überhaupt – das ist, was sie ist, »selbst wenn sie Menschen und Göttern unbekannt und verborgen bleibt«. Für das moderne Problem des rein säkularen Gewissens ohne den Glauben an eine allwissende und um alles besorgte Gottheit, die am Ende ihr Urteil über das irdische Leben sprechen wird, ist diese Frage in der Tat entscheidend. Es ist die Frage, ob in einer säkularen Gesellschaft ein Gewissen existieren und eine Rolle in der Politik spielen kann. Und es ist auch die Frage, ob die Moral als solche eine irdische Realität besitzt. Sokrates' Antwort ist in seinem vielzitierten Ratschlag enthalten: »Sei so, wie du anderen erscheinen möchtest.« Das heißt: Erscheine dir selbst so, wie du erscheinen möchtest, wenn andere dich wahrnehmen. Da du sogar in der Einsamkeit nicht gänzlich allein bist, kannst und musst du selbst deine eigene Wirklichkeit bezeugen. Oder um es sokratisch zu sagen (denn obwohl Sokrates das Gewissen entdeckte, hatte er noch keinen Namen dafür): Auch wenn dich niemand sieht, sollst du schon deshalb nicht töten, weil du dir unmöglich wünschen kannst, ständig mit einem Mörder zusammenzuleben. Durch einen Mord würde man sich auf Lebenszeit zum Zusammenleben mit einem Mörder verurteilen.

Und wenn ich den Dialog der Einsamkeit führe, wo ich ganz allein bin, bin ich doch nicht völlig getrennt von jener Pluralität, welche die Welt der Menschen bildet und welche wir im allgemeinsten Sinne Menschheit nennen. Diese Menschheit – oder besser: diese Pluralität – wird bereits dadurch aufgezeigt, dass ich Zwei-in-Einem bin. Die verliebte

Zeile des englischen Volkslieds »One is one and all alone and evermore shall be so« lässt sich, strikt genommen, nur auf Gott beziehen. Die Menschen existieren nicht nur wie alle irdischen Wesen im Plural, sie tragen die Signatur dieser Pluralität in sich. Doch kann das Selbst, mit dem ich in der Einsamkeit allein bin, niemals dieselbe klar umrissene und einzigartige Form annehmen, welche alle anderen Menschen für mich haben; es bleibt vielmehr stets veränderlich und ein wenig ambivalent. Und in dieser Form von Veränderlichkeit und Ambivalenz repräsentiert das Selbst für mich, wenn ich allein bin, alle Menschen, die Menschlichkeit aller Menschen. Was ich von anderen Menschen erwarte – und diese Erwartung geht allen konkreten Erfahrungen voraus und überlebt sie alle –, ist weitgehend bestimmt von den stets veränderlichen Möglichkeiten des Selbst, mit welchem ich zusammenlebe. Anders ausgedrückt: Ein Mörder ist nicht nur dazu verurteilt, immer in Gesellschaft seines eigenen mörderischen Selbst zu leben, er wird auch alle anderen Menschen im Bilde seiner eigenen Tat sehen. Er wird in einer Welt potentieller Mörder leben. Nicht seine isolierte Tat ist politisch relevant, nicht einmal seine Begierde, diese Tat zu begehen, sondern seine so geartete *doxa*, die Art und Weise, wie die Welt sich ihm eröffnet und ein Bestandteil der politischen Realität ist, in der er lebt. In diesem Sinne und in dem Maße, in welchem wir immerfort mit uns selbst leben, verändern wir alle die menschliche Welt fortwährend, zum Besseren oder Schlimmeren, selbst wenn wir nicht handeln.

Sokrates war fest davon überzeugt, dass niemand wünschen kann, mit einem Mörder oder in einer Welt möglicher Mörder zu leben. Derjenige, der behauptet, ein Mensch könne ein Mörder sein und doch glücklich, wenn nur niemand von dem Mord weiß, wäre für Sokrates in zwiefachem Widerspruch mit sich selbst: Er macht eine in sich widersprüchliche Aussage, und er zeigt sich bereit, mit jemandem zusammenzuleben, mit dem er nicht übereinstimmen kann. Diese doppelte Diskrepanz (der logische Widerspruch und das ethische schlechte Gewissen) war für Sokrates noch ein und dasselbe Phänomen. Das ist der Grund, weshalb er glaubte, dass Tugend lehrbar sei, oder, weniger banal formuliert, dass ein Bewusstsein vom Menschen als einem gleichzeitig denkenden und handelnden Wesen (einem Wesen, dessen Gedanken unweigerlich und unvermeidbar seine Taten begleiten) den Menschen und den Staatsbürger besser macht. Grundvoraussetzung dieser Lehre ist das Denken und nicht das Handeln, denn nur im Denken lässt sich der Dialog des Zwei-in-Einem verwirklichen.

Bei Sokrates erscheint der Mensch noch nicht als »vernünftiges Tier«, als ein mit der Fähigkeit zur Vernunft ausgestattetes Wesen, sondern als ein denkendes Wesen, dessen Gedanken in der Art und

Weise seines Sprechens hervortreten. Diese Konzentration auf die Sprache des Menschen gab es bis zu einem gewissen Grad schon bei den Vorsokratikern, und die Identität von Sprache und Denken, die zusammen den *logos* bilden, ist vielleicht einer der hervorstechenden Züge des griechischen Denkens. Was Sokrates dieser Identität hinzufügte, war der Dialog meiner selbst mit mir selbst als primäre Voraussetzung des Denkens. Die politische Relevanz von Sokrates' Entdeckung liegt in der Behauptung, die Einsamkeit – die vor und nach Sokrates als Privileg und typischer Habitus des Philosophen galt und der Polis als antipolitisch verdächtig war – sei im Gegenteil die notwendige Voraussetzung für das gute Funktionieren der Polis. Sie sei eine bessere Garantie als Verhaltensregeln, die durch Gesetze und die Angst vor Bestrafung wirksam werden wollen.

Hier müssen wir wieder bei Aristoteles nachschlagen, wo wir ein abgeschwächtes Echo des sokratischen Denkens finden. Offenbar als Erwiderung auf den Satz des Protagoras *anthrōpos metron pantōn chrēmatōn* (Der Mensch ist das Maß aller – vom Menschen brauchbaren – Dinge) und auf Platons bereits zitierten Widerspruch, das Maß der menschlichen Dinge sei *theos*, ein Gott (das Göttliche, wie es in den Ideen erscheint), sagt Aristoteles: *estin hekastou metron hē aretē kai agathos* (»das Maß für alle ist die Tugend und der gute Mensch«,

Nikomachische Ethik 1176a 17). Der Mensch als Handelnder stellt den Maßstab dar und nicht etwas Äußerliches wie die Gesetze oder etwas Übermenschliches wie die Ideen.

Niemand wird bezweifeln, dass eine solche Lehre zu einem gewissen Konflikt mit dem Staat führte und immer führen wird – dieser muss Achtung vor seinen Gesetzen einfordern, eine Achtung, die unabhängig von persönlichen Gewissensentscheidungen ist. Sokrates war sich der Natur des Konflikts bewusst, als er sich selbst als die Bremse, das den Athenern lästige Insekt, bezeichnete. Wir unsererseits, die wir unsere Erfahrungen mit totalitären Massenorganisationen haben, deren hauptsächliches Anliegen es ist, jegliche Möglichkeit des Alleinseins abzuschaffen (von der unmenschlichen Form der Einzelhaft abgesehen), können dafür einstehen, dass in dem Augenblick, da ein Minimum des Mit-sich-selbst-Alleinseins nicht mehr garantiert ist, nicht nur das säkulare Gewissen, sondern jegliche Gewissensform verschwinden wird. Das häufig beobachtete Phänomen, dass das Gewissen unter totalitären Bedingungen nicht mehr funktioniert (und zwar ganz unabhängig von Angst und Bestrafung), lässt sich auf diese Weise erklären. Niemand, der nicht fähig ist, mit sich selbst einen Dialog zu führen, kann sein Gewissen bewahren. Denn ihm fehlt, was für alle Formen des Denkens notwendig ist: das Alleinsein.

V

Doch geriet Sokrates noch auf eine andere, weniger offensichtliche Weise in Konflikt mit dem Staat, und diesen Zug des Konflikts scheint er selbst nicht begriffen zu haben. Die Suche nach Wahrheit in der *doxa* kann zu dem katastrophalen Ergebnis führen, dass die *doxa* ganz zerstört wird, dass das, was erschien, als Illusion enthüllt ist. Dies geschah, wie man sich erinnern wird, mit König Ödipus, dessen ganze Welt, seine Wirklichkeit, sein Königtum, in Trümmer sanken, als er begann, sie genauer zu betrachten. Nachdem er die Wahrheit erfahren hat, besitzt Ödipus keine *doxa* mehr (was für alle die verschiedenen Bedeutungen des Wortes gilt: Meinung, Glanz, Ruhm und eine eigene Welt für ihn selbst). Die Wahrheit kann also die *doxa* zerstören; sie kann die spezifische politische Wirklichkeit der Bürger vernichten. Nach all dem, was wir von Sokrates' Wirkung wissen, ist es offensichtlich, dass viele seiner Zuhörer nicht mit einer wahrhaftigeren Meinung nach Hause gegangen sind, sondern mit gar keiner. Die oben erwähnte Unschlüssigkeit vieler platonischer Dialoge kann auch in diesem Licht betrachtet werden: Alle Meinungen sind zerstört, aber keine Wahrheit tritt an ihre Stelle. Und gestand Sokrates nicht selbst ein, dass er keine eigene *doxa* besitze, sondern »unfruchtbar« sei? Doch war nicht genau diese Sterilität, dieser Mangel an *doxa*, vielleicht auch eine Voraussetzung der Wahrheit? Wie dem auch sei – Sokrates muss trotz all seiner Behauptungen, er besitze gar keine besondere Wahrheit, die gelehrt werden könnte, bereits als ein Experte für Wahrheit erschienen sein. Der Abgrund zwischen Wahrheit und Meinung, der von da an den Philosophen von allen anderen Menschen trennen sollte, hatte sich noch nicht geöffnet, doch der Riss deutete sich bereits in Gestalt dieses einen Mannes an, der, wohin er auch ging, alle um ihn her und zuallererst sich selbst wahrhaftiger zu machen versuchte.

Der Konflikt zwischen Philosophie und Politik, zwischen dem Philosophen und der Polis, entstand, als Sokrates zwar keine politische Rolle spielen, aber die Philosophie für den Staat wichtig werden lassen wollte. Der Konflikt wurde umso schärfer, als dieser Versuch zeitlich (wohl nicht zufällig) zusammenfiel mit dem raschen Verfall der athenischen Polis in den dreißig Jahren, die den Tod des Perikles vom Prozess des Sokrates trennen. Der Konflikt endete mit einer Niederlage für die Philosophie: Nur durch die berühmte *apolitia*, die Gleichgültigkeit und Verachtung für die Welt des Staates, wie sie für die gesamte nachplatonische Philosophie so charakteristisch ist, kann sich der Philosoph gegen Misstrauen und Feindseligkeit der Welt schützen. Mit Aristoteles beginnt die Zeit, da die Philosophen sich nicht mehr für die Polis verantwortlich fühlen, und dies nicht nur in dem Sinne, dass der Philosophie keine besondere Aufgabe im Reich der Politik zukäme, sondern in dem viel umfassenderen Sinne, dass der Philosoph weniger Verantwortung für den Staat übernimmt als seine Mitbürger – dass die Lebensführung des Philosophen eine andere ist. Sokrates achtete immer noch die Gesetze, durch die er für schuldig befunden wurde. Und wie falsch das Urteil auch sein mochte; er achtete sie, weil er Verantwortung für die Polis empfand. Aristoteles verließ dagegen, als ihm ein ähnliches Verfahren drohte, ungerührt sofort Athen. Die Athener – so soll er gesagt haben – dürften sich nicht zweimal an der Philosophie versündigen. Das Einzige, was von nun an die Philosophen von der Politik wollten, war, dass man sie in Ruhe ließ, und von der Regierung forderten sie nur den Schutz ihrer Freiheit, in Ruhe zu denken. Wenn dieser Rückzug der Philosophie aus dem Bereich der öffentlichen Angelegenheiten ausschließlich den historischen Umständen zu verdanken wäre, dann hätten die unmittelbaren Folgen – die Trennung des Denkers vom handelnden Menschen – wohl kaum zu einer Tradition politischen Denkens führen können, die zweieinhalbtausend Jahre der unterschiedlichsten politischen und philosophischen Erfahrungen überdauert hat, ohne dass ihre grundlegenden Annahmen kritisiert worden wären. Tatsächlich erschien in der Person und im Prozess des Sokrates noch ein anderer, tieferer Widerspruch zwischen Philosophie und Politik, als aus den uns bekannten Lehren des Sokrates selbst hervorgeht.

Es scheint ganz offensichtlich und geradezu banal (und wird doch allgemein vergessen), dass jede politische Philosophie zuallererst die Haltung des Philosophen gegenüber den »Angelegenheiten der Menschen« ausdrückt, den *pragmata tōn anthrōpōn*, denen er selber zugehört, und dass diese Haltung in sich die Beziehung ausdrückt zwischen einer spezifisch philosophischen Erfahrung und jenen Erfahrungen, die wir machen, wenn wir uns unter Menschen bewegen. Es ist ebenso klar, dass jede politische Philosophie sogleich vor der Alternative steht, entweder die philosophische Erfahrung mit Hilfe von Kategorien aus dem Bereich der menschlichen Angelegenheiten zu interpretieren, oder im Gegenteil für die philosophische Erfahrung Priorität zu beanspruchen und die gesamte Politik in ihrem Licht zu beurteilen. In letzterem Fall wäre die beste Regierungsform ein Zustand, in dem die Philosophen maximale Möglichkeiten des Philosophierens haben, das heißt: ein Zustand, in dem alle Bürger Maßstäben genügen, welche hierfür die optimalen Voraussetzungen schaffen. Doch die bloße Tatsache, dass unter allen Philosophen allein Platon es wagte, ein Gemeinwesen ausschließlich vom Standpunkt des Philosophen aus zu konstruieren, sowie der Umstand, dass dieser Entwurf, praktisch gesprochen, nicht einmal von den Philosophen je wirklich ernst genommen wurde, scheinen doch darauf hinzuweisen, dass es eine andere Seite des Problems gibt. Der Philosoph nimmt zwar etwas wahr, das übermenschlich ist, etwas Göttliches *(theion ti)*, doch bleibt er immer noch ein Mensch, sodass der Konflikt zwischen der Philosophie und den profanen Angelegenheiten der Menschen am Ende ein Konflikt in ihm selbst ist. Diesen Konflikt hat Platon verallgemeinert und als einen Streit zwischen Körper und Seele erklärt: Während der Körper die Stadt der Menschen bewohnt, wird das Göttliche der Philosophie von etwas erblickt, das selbst göttlich ist, von der Seele. Diese bleibt irgendwie von den lediglich menschlichen Angelegenheiten getrennt. Je mehr ein Philosoph zum wahren Philosophen wird, desto mehr wird er sich von seinem Körper zu trennen versuchen, und da dies zu seinen Lebzeiten nicht wirklich erreicht werden kann, wird er das tun wollen, was jeder freie Bürger Athens tat, um sich von den Zwängen des Lebens zu trennen und zu befreien: Er wird seinen Körper beherrschen wie der Herr seine Sklaven. Wenn der Philosoph die Herrschaft über den Staat erlangt, wird er den Bürgern auch nicht mehr abverlangen, als er selbst seinem Körper zugemutet hat. Seine Tyrannis wird also als theoretisch beste Regierungsform gerechtfertigt sein, aber auch wegen seiner persönlichen Legitimation – weil er vorher als sterblicher Mensch den Befehlen seiner Seele gegenüber gehorsam war. Alle unsere noch heute zirkulierenden Redensarten, dass nur der befehlen sollte, der zu gehorchen versteht, oder dass nur der, der sich selbst zu beherrschen weiß, das Recht habe, über andere zu herrschen, wurzeln in dieser traditionellen Vorstellung vom Verhältnis zwischen Philosophie und Politik. Die platonische Metapher eines Konflikts zwischen Körper und Seele, ursprünglich ersonnen, um den Konflikt zwischen Politik und Philosophie zu bezeichnen, hatte eine so ungeheure Wirkung auf unsere religiöse und geistige Geschichte, dass die Erfahrungsgrundlage, der sie entsprang, ganz vergessen wurde – so, wie die platonische Aufteilung des Menschen in zwei Teile die ursprüngliche Erfahrung des Denkens als eines Dialogs der Zwei-in-Einem, des *eme emautō*, überlagerte, jenes Ursprungs aller derartigen Zweiteilungen. Das soll nun nicht heißen, dass sich der Konflikt zwischen Philosophie und Politik glatt in eine Theorie des Verhältnisses von Seele und Körper auflösen ließe, sondern dass sich nach Platon niemand mehr so sehr bewusst war, dass der Konflikt einen politischen Ursprung hatte und dies auch so radikal zu formulieren wagte.

VI

Platon selbst beschrieb das Verhältnis zwischen Philosophie und Politik an der Haltung des Philosophen zur Polis. Diese Beschreibung erfolgt im Höhlengleichnis, welches im Mittelpunkt der *Politeia* und der politischen Philosophie Platons überhaupt steht. Die Allegorie, mit der Platon eine Art von knappem Ideallebenslauf des Philosophen gibt, entwickelt sich in drei Abschnitten, die jeweils einen Wendepunkt schildern, eine entschiedene Umkehr; alle drei zusammen bilden jene *periagōgē holēs tēs psychēs*, die Umkehr der ganzen Seele, welche für Platon die Herausbildung der philosophischen Haltung schlechthin darstellt. Die erste Wende findet in der Höhle selbst statt; der zukünftige Philosoph befreit sich von den Ketten, mit denen die »Schenkel und Nacken« der Höhlenbewohner festgeschmiedet sind, sodass sie »nur nach vorn sehen können«, den Blick gerichtet auf eine Wand, wo Schatten von Menschen und Dingen erscheinen. Als er sich zum ersten Mal umdreht, sieht er hinten am Eingang der Höhle ein Feuer, das die Dinge in der Höhle zeigt, wie sie wirklich sind. Wir könnten sagen, dass die erste *periagōgē* die des Wissenschaftlers ist, der nicht zufrieden ist mit dem, was die Leute allgemein über die Dinge sagen, und der sich »umdreht«, um herauszufinden, wie die Dinge tatsächlich sind und nicht nur in der Meinung der

Menge. Denn die Schattenbilder waren für Platon die Verzerrungen der *doxa*; er konnte sich hier einer Metaphorik bedienen, die sich auf den Gesichtssinn bezieht, weil das griechische Wort *doxa* im Gegensatz zu unserer »Meinung« eine stark visuell gefärbte Bedeutung hat. Die Bilder an der Wand, auf welche die Höhlenbewohner starren, sind ihre *doxai*; so erscheinen ihnen die Dinge. Wollen sie wissen, wie die Dinge wirklich sind, müssen sie sich umdrehen, das heißt: ihre Stellung ändern, denn jede *doxa* hängt, wie wir schon gesehen haben, von der Stellung eines Menschen in der Welt ab.

Ein sehr viel wichtigerer Wendepunkt in der Laufbahn des Philosophen tritt ein, wenn dieser einsame Abenteurer nicht länger mit dem Feuerschein in der Höhle zufrieden ist und mit den Dingen, wie sie ihm nun erscheinen, sondern wissen will, woher das Feuer kommt und was die Ursachen der Dinge sind. Wieder wendet er sich und findet einen Ausgang aus der Höhle, eine Treppe, die ihn hinaus ins Freie führt, in eine Landschaft ohne Dinge und Menschen. Hier erscheinen die Ideen, die ewigen Wesenheiten der vergänglichen Gegenstände und sterblichen Menschen. Sie werden beleuchtet von der Sonne, der Idee der Ideen, welche den Betrachter sehen und alle anderen Ideen erglänzen lässt. Dies ist gewiss der Höhepunkt im Leben des Philosophen, und hier beginnt dessen

Tragödie. Da er immer noch ein sterblicher Mensch ist, gehört er nicht wirklich hierher und kann nicht bleiben; er muss in die Höhle zurück, die seine irdische Heimat ist, doch kann er sich dort nicht mehr zuhause fühlen.

Jede dieser Wendungen ist von einem Verlust an Orientierungsfähigkeit begleitet. Die Augen, die an die Schattenbilder auf der Wand gewöhnt sind, werden vom Feuerschein am Ende der Höhle geblendet. Die Augen, die sich schließlich dem schwachen Licht des künstlichen Feuers angepasst haben, werden zum zweiten Mal vom Licht der Sonne geblendet. Am schlimmsten aber ist die Desorientierung jener Menschen, deren Augen sich einmal an das helle Licht unter dem Himmel der Ideen gewöhnt hatten und die sich nun wieder den Weg im Dunkel der Höhle ertasten müssen. In dieser Metapher drückt sich aus, warum die Philosophen nicht wissen, was gut für sie ist, und wie sehr sie den Angelegenheiten der Menschen entfremdet sind: Sie können nicht länger im Höhlendunkel sehen, sie haben ihre Orientierung verloren, sie haben nicht mehr das, was wir den gesunden Menschenverstand nennen würden. Wenn sie zurückkommen und den Höhlenbewohnern zu erzählen versuchen, was sie außerhalb der Höhle gesehen haben, dann ergibt das keinen Sinn; für die Insassen der Höhle klingt all dies, als käme es aus der »verkehrten Welt« (Hegel). Der zurückkehrende Philosoph ist in Gefahr, weil er den Verstand, der zur Orientierung in der allen gemeinsamen Alltagswelt nötig ist, verloren hat und darüber hinaus mit dem, was nun seine Gedanken beherrscht, dem Verstand der Welt offen widerspricht.

Es gehört zu den eigenartigen Zügen des Höhlengleichnisses, dass Platon die Bewohner der Höhle als reglos schildert, vor einer Wand angekettet, ohne die Möglichkeit, irgendetwas zu tun oder miteinander in Verbindung zu treten. Tatsächlich fehlen die beiden politisch bedeutsamsten Wörter zur Bezeichnung menschlicher Aktivität, Reden und Handeln (*lexis* und *praxis*), ganz. Die einzige Beschäftigung der Höhlenbewohner besteht darin, auf die Wand zu schauen; sie lieben es offensichtlich, etwas ganz abgesehen von allen praktischen Bedürfnissen zu betrachten (vgl. Aristoteles, *Metaphysik* 980a 22–25). Mit anderen Worten: Die Höhlenbewohner werden zwar als gewöhnliche Menschen beschrieben, aber darin gleichen sie den Philosophen. Platon schildert sie entsprechend als potentielle Philosophen, die sich in Dunkel und Unwissenheit ganz und gar mit dem Einen beschäftigen, auf welches sich auch der Philosoph (in der Helle und im vollständigen Wissen) konzentriert. Das Höhlengleichnis zeigt insofern nicht so sehr die Philosophie vom Standpunkt der Politik aus, sondern eher, wie die Politik, der Bereich der menschlichen Angelegenheiten, von der Philosophie aus betrachtet, wirkt. Und der Zweck ist es, im Reich der Philosophie die Maßstäbe zu finden, welche einem Staat von Höhlenbewohnern angemessen sind, die sich aber auch – wie dunkel und unwissend auch immer – Meinungen über dieselben Dinge gebildet haben wie der Philosoph.

VII

In dieser Geschichte erzählt Platon (weil sie bestimmten politischen Zwecken dient) nicht, was den Philosophen von jenen in der Höhle bleibenden Gefangenen unterscheidet, die durchaus auch die staunende Betrachtung lieben; nicht, was ihn zu seinem einsamen Abenteuer aufbrechen und die Fesseln zerbrechen lässt, die ihn an die Wand der Illusion ketten. Am Ende der Geschichte jedoch erwähnt Platon beiläufig die Gefahren, welche den zurückkehrenden Philosophen erwarten, und er zieht aus diesen Gefahren den Schluss, dass der Philosoph – obwohl er sich nicht für die menschlichen Angelegenheiten interessiert – die Herrschaft übernehmen muss, und sei es nur, um nicht selbst von den Unwissenden regiert zu werden. Doch sagt er uns nicht, weshalb er seine Mitbürger – die ja bereits fasziniert die Wand betrachten und insofern in gewisser Weise bereit scheinen, ein »Höheres« (wie Hegel es nennt) zu empfangen, nicht dazu überreden kann, seinem Beispiel zu folgen und den Weg aus der Höhle hinaus zu wählen.

Um diese Fragen zu beantworten, müssen wir zwei Aussagen Platons heranziehen, die sich im Höhlengleichnis selbst nicht finden, ohne die jedoch das Gleichnis obskur bliebe; sie werden dort stillschweigend vorausgesetzt. Die eine findet sich im *Theaitetos* (einem Dialog über den Unterschied von *epistēmē* und *doxa*, Wissen und Meinung), wo Platon den Ursprung der Philosophie definiert: *mala gar philosophou touto to pathos, to thaumazein; ou gar allē archē philosophias hē hautē* (»der Zustand, den der Philosoph am stärksten erfährt, ist das Staunen; denn es gibt keinen anderen Beginn des Philosophierens als diesen«, 155d). Die zweite Stelle steht im *Siebten Brief*, wo Platon über die Dinge redet, die ihm am wichtigsten sind *(peri hōn egō spoudazō)*, also nicht so sehr über die Philosophie, wie wir sie verstehen, als über den ewigen Gegenstand des Philosophierens und dessen Ziel. Davon sagt er: *rhēton gar oudamōs estin hōs alla mathēmata, all' ek pollēs synousias gignomenēs ... hoion apo pyros pēdēsantos exaphthen phōs* (»Es lässt sich keineswegs in Worte fassen wie andere Gegenstände des Lernens, sondern aus häufiger gemeinsamer Bemühung geht es hervor ... wie ein Feuer, das von einem überspringenden Funken entfacht wird«, 341c). In diesen beiden Aussagen haben wir Beginn und Ende des Philosophenlebens, wovon jedoch im Höhlengleichnis nicht die Rede ist.

Thaumazein, das Staunen über das, was ist, wie es ist, ist nach Platon ein *pathos*, also eigentlich etwas, das man erleidet oder erträgt. Als solches ist es völlig verschieden vom *doxazein*, dem Vorgang, in dem man sich eine Meinung über etwas bildet. Das Staunen, das der Mensch erfährt oder das über ihn kommt, kann nicht in Worte gefasst werden, da es zu allgemein für Worte ist. Platon muss ihm zuerst angesichts jener in mehreren Berichten erwähnten traumatischen Zustände begegnet sein, in denen Sokrates, ganz und gar überwältigt, in vollkommene Reglosigkeit verfiel und nur vor sich hinstarrte, ohne etwas zu sehen oder zu hören. Dieses sprachlose Staunen wurde sowohl für Platon wie für Aristoteles als Beginn der Philosophie axiomatisch. Und es ist dieser Bezug zu einer konkreten und einzigartigen Erfahrung, welcher die sokratische Schule von allen vorhergegangenen philosophischen Lehren unterscheidet. Für Aristoteles ist ebenso wie für Platon die letzte Wahrheit den Worten entzogen. In seiner Terminologie ist das im Menschen, was die Wahrheit empfängt, *nous*, der Geist, dessen Inhalt ohne logos ist *(hōn ouk esti logos)*. Wie Platon die *doxa* der Wahrheit gegenüberstellte, setzt Aristoteles als Gegensatz zum *nous* (dem philosophischen Geist) die *phronēsis* (die politische Einsicht). Dieses Erstaunen über all das, was ist, wie es ist, bezieht sich nie auf einen bestimmten Gegenstand; Kierkegaard wollte es deshalb bei Sokrates auf das Nichts beziehen. Die spezifische Allgemeinheit philosophischer Aussagen, welche sie von denen der Wissenschaften unterscheidet, entspringt dieser Erfahrung. Hierin gründet die Philosophie als eigene Disziplin – insofern sie als solche noch fortexistiert. Und sobald der sprachlose Zustand des Erstaunens in Worte übersetzt wird, beginnt er nicht mit Aussagen, sondern formuliert in unendlichen Variationen immer wieder das, was wir die letzten Fragen nennen: Was ist das Sein? Wer ist der Mensch? Welchen Sinn hat das Leben? Was ist der Tod? und so weiter. Alle diese Fragen haben gemeinsam, dass sie sich nicht wissenschaftlich beantworten lassen. Der sokratische Satz »Ich weiß, dass ich nichts weiß« drückt diesen Mangel an wissenschaftlichen Antworten aus. Doch im Zustand des Staunens verliert der Satz seine trockene Negativität. Denn als Ergebnis bleibt im Bewusstsein dessen, der das *pathos* des Staunens erfahren hat, etwas zurück, was sich so formulieren lässt: Nun weiß ich, was es bedeutet, nichts zu wissen; *nun* weiß ich, dass ich nichts weiß. Aus der wirklichen Erfahrung des Nichtwissens, in welcher sich ein grundlegender Zug unserer Existenz zeigt, gehen die letzten Fragen hervor – sie ergeben sich nicht aus der nachweisbaren Tatsache, dass es Dinge gibt, die der Mensch nicht weiß (was Fortschrittsgläubige eines Tages geändert zu sehen hoffen und was Positivisten als irrelevant ignorieren würden). Indem er die letzten, unbeantwortbaren Fragen stellt, erweist sich der Mensch als fragendes Wesen. Das ist der Grund, weshalb auch jene Wissenschaft, welche beantwortbare Fragen stellt, ihren Ursprung der Philosophie verdankt, einen Ursprung, der Generation um Generation die Quelle von Wissenschaft bleibt. Würde der Mensch jemals die Fähigkeit verlieren, letzte Fragen aufzuwerfen, würde er gleichzeitig auch die Fähigkeit einbüßen, beantwortbare Fragen zu stellen. Er wäre kein fragendes Wesen mehr, und das wäre nicht nur das Ende der Philosophie, sondern auch der Wissenschaft. Was die Philosophie betrifft, so würde sie – wenn es zutrifft, dass sie mit dem *thaumazein* beginnt und mit der Sprachlosigkeit endet – genau dort aufhören, wo sie begonnen hat. Anfang und Ende sind hier dasselbe; es ist der fundamentalste Fall eines *Circulus vitiosus*, wie man ihn in so vielen strikt philosophischen Argumentationszusammenhängen antrifft.

Es ist dieser philosophische Schock, von dem Platon spricht, der alle großen Philosophien durchdringt und der den Philosophen, welcher ihn erleidet, von den anderen Menschen trennt, mit denen er lebt. Der Unterschied zwischen den Philosophen (deren Anzahl klein ist) und der Menge liegt keineswegs, wie Platon schon festhielt, darin, dass die Menge nichts vom *pathos* des Erstaunens wüsste, sondern darin, dass sie es nicht ertragen will. Diese Weigerung äußert sich im *doxazein*, im Formulieren von Meinungen über Gegenstände, zu denen der Mensch keine Meinung haben kann (weil die allgemeinen und allgemein akzeptierten Maßstäbe des gesunden Menschenverstandes nicht auf sie anwendbar sind). *Doxa* könnte mit anderen Worten insofern tatsächlich zum Gegenteil der Wahrheit werden, als dass *doxazein* wirklich der Gegensatz des *thaumazein* ist. Meinungen zu haben geht dann schief, wenn es um Dinge geht, die wir nur in sprachlosem Erstaunen über das, was ist, erkennen.

Der Philosoph, der sozusagen ein Spezialist des Staunens ist und im Stellen jener Fragen, die sich aus dem Erstaunen ergeben (wenn Nietzsche schreibt: »Ein Philosoph, das ist ein Mensch, der beständig außerordentliche Dinge erlebt«, bezieht er sich genau hierauf), findet sich in doppeltem Konflikt mit der Polis. Da seine wichtigste Erfahrung eine der Sprachlosigkeit ist, hat er sich außerhalb des politischen Bereichs gestellt, wo die höchste Fähigkeit des Menschen ja eben gerade die Rede ist – *logon echōn* ist der Umstand, der den Menschen zu einem *zōon politikon* macht, einem politischen Wesen. Der philosophische Schock erfasst im Übrigen den Menschen in seiner Singularität, das heißt: weder in seiner Gleichheit mit allen anderen noch in seiner absoluten Verschiedenheit von ihnen. Mit diesem Schock wird – sozusagen – der Mensch im

Singular einen flüchtigen Augenblick lang mit dem ganzen Universum konfrontiert, so, wie es ihm nur noch im Augenblick seines Todes begegnen wird. Er ist in einem gewissen Maße dem Staat und dessen Menschen entfremdet, die nur mit Misstrauen auf etwas blicken können, das den Menschen im Singular betrifft.

Schlimmer noch ist der andere Konflikt, der das Leben des Philosophen bedroht. Das *pathos* des Staunens ist auch den anderen Menschen nicht fremd, es stellt, im Gegenteil, einen der allgemeinsten Züge der menschlichen Existenz dar. Für die große Menge besteht der Ausweg aus diesem Leidenszustand darin, dass man sich Meinungen bildet, wo diese gar nicht angemessen sind. Und deshalb wird der Philosoph unweigerlich mit diesen Meinungen in Konflikt geraten, die ihm unerträglich sind. Und da seine eigene Erfahrung mit der Sprachlosigkeit sich lediglich durch das Aufwerfen von nicht beantwortbaren Fragen äußert, hat er in der Tat einen entscheidenden Nachteil, sobald er in den Bereich des Politischen zurückkehrt. Er ist der Einzige, der tatsächlich nichts weiß, der Einzige, der keine klar definierte und deutliche *doxa* hat, die mit den anderen Meinungen konkurrieren könnte, keine Meinung, über deren Wahrheit oder Unwahrheit dann der gesunde Menschenverstand entscheiden kann. Das heißt: Ihm fehlt jener sechste Sinn, den wir nicht nur alle gemein haben, sondern der uns auch in eine gemeinsame Welt stellt und so diese überhaupt erst möglich macht. Wenn der Philosoph beginnt, in diese Welt hineinzusprechen, der auch unsere allgemein akzeptierten Vorurteile und Urteile angehören, wird er immer versucht sein, in Begriffen des Unsinns zu reden, oder gemäß der Logik – um nochmals Hegel zu zitieren – der verkehrten Welt.

Diese Gefahr kam zu Beginn unserer großen philosophischen Tradition auf, verursacht durch Platon und – in geringerem Maße – durch Aristoteles. Der Philosoph, der sich seit dem Prozess gegen Sokrates der wesentlichen Unvereinbarkeit der grundsätzlich philosophischen und grundsätzlich politischen Erfahrungen nur allzu bewusst ist, hat den ursprünglichen, den alles in Gang setzenden Schock des *thaumazein* verallgemeinert. Die sokratische Position ging bei diesem Vorgang verloren, nicht weil Sokrates keine Schriften hinterließ oder weil Platon ihn willkürlich verfälschte, sondern weil die sokratische Einsicht, geboren aus einem noch intakten Verhältnis zwischen der Politik und der spezifisch philosophischen Erfahrung, verlorenging. Denn was auf jenes Staunen zutrifft, mit dem alles Philosophieren beginnt, gilt nicht für den darauf folgenden Dialog mit sich selbst. Die Einsamkeit mit sich selbst, der Dialog des Zwei-in-Einem ist integraler Bestandteil des Zusammenseins und Zusammenlebens mit anderen, und in dieser Einsamkeit kommt auch der Philosoph nicht umhin, sich Meinungen zu bilden – er kommt zu seiner eigenen *doxa*. Der Unterschied zu seinen Mitbürgern besteht nicht darin, dass er irgendeine besondere Wahrheit besitzt, von welcher die Menge ausgeschlossen wäre, sondern dass er immer bereit bleibt, sich dem *pathos* des Staunens auszusetzen, und deshalb dem Dogmatismus derer entgeht, die lediglich über Meinungen verfügen. Um diesem Dogmatismus des *doxazein* standhalten zu können, schlug Platon vor, das sprachlose Staunen, mit dem die Philosophie beginnt, unbegrenzt zu verlängern. Er versuchte das, was nur einen flüchtigen Augenblick ausmachen kann (oder, um seine eigene Metapher zu gebrauchen, einen raschen Funkenflug), zu einer Lebensform, dem *bios theoretikos*, zu machen. Mit diesem Versuch etabliert sich der Philosoph, er gründet seine ganze Existenz auf jene Singularität, die er erfuhr, als er das *pathos* des *thaumazein* ertrug. Und damit zerstört er die Pluralität der menschlichen Existenz in sich selbst.

Dass diese Entwicklung, deren ursprüngliche Ursache politisch war, für Platons Philosophie von großer Bedeutung wurde, ist offensichtlich. Das zeigt sich bereits in den eigenartigen Abweichungen von seinem ursprünglichen Konzept, die sich in der Ideenlehre finden, Abweichungen, die nach meinem Ermessen auf seinen Wunsch zurückgehen, die Philosophie nützlich für die Politik zu machen.

Aber die Entwicklung ist natürlich für die eigentliche politische Philosophie noch viel folgenreicher gewesen. Für den Philosophen wurde nun – sofern er dieses ganze Gebiet nicht für unter seiner Würde erachtete – die Politik das Feld, wo zwar für die elementaren Notwendigkeiten des menschlichen Lebens gesorgt wird, wo jedoch absolute philosophische Maßstäbe angelegt werden. Natürlich konnte die Politik diesen Maßstäben niemals genügen, und so galt sie, alles in allem, als eine unethische Angelegenheit – ein Urteil, das nicht nur die Philosophen fällten, sondern das in den folgenden Jahrhunderten auch von der breiteren Öffentlichkeit übernommen wurde, weil philosophische Einsichten (obwohl ursprünglich im Gegenzug zum gesunden Menschenverstand formuliert) schließlich in die öffentliche Meinung der Gebildeten Eingang fanden. Politik wurde mit Herrschaft oder Regierung identifiziert, und beides schien die Bosheit der Menschennatur zu spiegeln, so wie die Chronik der Taten und Leiden der Menschheit die Sündhaftigkeit des Menschengeschlechts zeigte. Doch obwohl Platons unmenschlicher Idealstaat nie Wirklichkeit wurde und die Nützlichkeit der Philosophie im Lauf der Jahrhunderte immer wieder verteidigt werden musste (da sie sich im aktuellen politischen Handeln als vollkommen nutzlos erwies), leistete die Philosophie der abendländischen Menschheit einen hervorragenden Dienst. Weil Platon quasi die Philosophie zu politischen Zwecken deformiert hatte, lieferte die Philosophie weiterhin Maßstäbe und Regeln, mit welchen der menschliche Geist zumindest versuchen konnte, zu begreifen, was im Reich der menschlichen Angelegenheiten vor sich ging. Diese Nützlichkeit der Philosophie für das Verständnis der politischen Welt erschöpfte sich mit dem Beginn der Neuzeit. Machiavellis Schriften sind das erste Anzeichen dieser Erschöpfung, und bei Hobbes finden wir zum ersten Mal eine Philosophie, die mit der Philosophie nichts anfängt, sondern vorgibt, von dem auszugehen, was der gesunde Menschenverstand voraussetzt. Und Marx, der letzte politische Philosoph des Westens, der immer noch in der Tradition steht, die mit Platon begann, versuchte am Ende, diese Tradition – ihre grundlegenden Kategorien und ihre Werthierarchie – umzudrehen. Mit dieser Umkehrung ist die Tradition ans Ende gekommen.

Tocquevilles Bemerkung: »Wenn die Vergangenheit nicht länger die Zukunft erhellt, irrt der Menschengeist im Dunkeln« wurde zu einem Zeitpunkt niedergeschrieben, da die philosophischen Kategorien der Vergangenheit nicht länger für das Verständnis der Welt ausreichten. Wir leben heute in einer Welt, in der nicht einmal der »gesunde Menschenverstand« verständlich geblieben ist. Sein Zusammenbruch zeigt an, dass Philosophie und Politik trotz ihres alten Konflikts dasselbe Schicksal erlitten haben. Und das bedeutet, dass das Problem von Philosophie und Politik beziehungsweise die Notwendigkeit einer neuen politischen Philosophie, aus der eine neue Wissenschaft der Politik hervorgehen könnte, wieder auf der Tagesordnung stehen.

Die politische Philosophie wird wie alle anderen Zweige des Philosophierens niemals ihren Ursprung im *thaumazein* verleugnen können, im Staunen über das, was ist, wie es ist. Würden die Philosophen trotz ihrer notwendigen Entfremdung vom Alltagsleben der menschlichen Angelegenheiten je zu einer wahrhaftigen politischen Philosophie gelangen, müssten sie die Pluralität des Menschen, aus der die ganze Vielfalt menschlicher Angelegenheiten hervorgeht, zum Gegenstand ihres *thaumazein* machen. Biblisch gesprochen, müssten sie den wundersamen Umstand hinnehmen – wie sie in sprachlosem Staunen das Wunder des Universums, des Menschen und des Seins hinnehmen –, dass Gott nicht »den Menschen« schuf, sondern er »schuf sie, einen Mann und eine Frau«. Sie müssten hinnehmen, und zwar nicht lediglich in resignierender Akzeptanz der menschlichen Schwäche, dass »es nicht gut ist, dass der Mensch allein sei«.

Jerome Kohn

In Hannah Arendts Seminar

Sie fragen nach meiner ersten Begegnung mit Hannah Arendt. Das ist nicht schwer zu beantworten: Ich studierte 1967 an der Columbia University, und ich hatte im *New Yorker* zwei lange Artikel von ihr gelesen, einen über Leben und Werk Bertolt Brechts, einen über das Verhältnis von Wahrheit und Politik. Hier ist nicht der Ort, näher auf diese Aufsätze einzugehen, doch muss ich sagen, dass sie mir wesentlich bedeutungsvoller erschienen als die analytischen Texte meines Studiums – in höherem Maße, heißt das, voll von Bedeutung, anregender für das Denken. Etwa um diese Zeit las ich in der *New York Times*, dass Hannah Arendt im Herbstsemester 1968 zwei Seminare für die Doktoranden der New School of Social Research abhalten würde. Ich suchte das Institut auf, um herauszufinden, ob ich als Hörer an den beiden Seminaren teilnehmen könnte – dem einen über Platons Dialog *Theätet* und dem anderen über »Politische Erfahrung im zwanzigsten Jahrhundert« (eine bemerkenswerte

Kombination). Man sagte mir, ich könne nur zu einem Seminar als Hörer zugelassen werden, und ich protestierte und fragte, ob ich nicht mit Miss Arendt selbst sprechen könne. In ihrem Büro stellte ich mich vor, schilderte mein Anliegen und sagte ihr, sie sei der einzige Grund, weshalb ich überhaupt hier wäre. Sie – neu an der New School – seufzte und sagte: »Was kann ich denn machen?« Als ich zum Ausgang ging, hörte ich im Korridor Schritte hinter mir, und als Hannah Arendt mich eingeholt hatte, sagte sie: »Gut, kommen Sie zu beiden, aber sagen Sie's niemand.« Das war meine erste Begegnung. So brach sie das Eis zwischen uns, und diese Spontaneität war ganz typisch.

*

Ihre Seminare waren anders als alle Formen von Unterricht, die ich kannte. Tatsächlich ist »Unterricht« vielleicht nicht der richtige Ausdruck, da man hierunter gewöhnlich versteht, dass der Lehrer dem Schüler Wissen vermittelt. Natürlich lernte man auch hier nebenbei eine Menge, aber die wesentliche Erfahrung des Studiums mit Hannah Arendt war nicht das Wissen, sondern das Fragen. Dies zeigte sich, als wir Platon lasen, denn wie Sokrates veranlasste sie die Studenten zu Antworten, die ihrerseits zu schwierigeren Fragen führten, dann zu komplizierteren Antworten, aber nicht zu endgültigen Ergebnissen. Erst später begriff ich, wie tief dieses Fragenstellen bei ihr in einem Gefühl des Verlustes wurzelte. Obwohl sie achtzehn Jahre lang (1933 bis 1951) als staatenloser Flüchtling gelebt hatte, ging es nicht nur und vielleicht nicht einmal in erster Linie um den Verlust von Heimatland und Familie. Ich glaube, die intensivste Verlusterfahrung betraf die Autorität (die religiöse wie säkulare) des traditionellen politischen, philosophischen und moralischen Denkens. Traditionelle Denkweisen, die über mehr als zweitausend Jahre von Generation zu Generation weitergegeben – das heißt: unterrichtet – worden waren, hatten nun versagt. Es war nichts anderes an ihre Stelle getreten; dort gab es nur eine Absenz, eine Lücke, wie sie sagte, *a gap*; und aus dieser Lücke entsprangen ihre Fragen.

Diese Fragen waren keine intellektuelle Übung, sie ähnelten nicht dem, was man später unter der Dekonstruktion von Texten verstand. Für Hannah Arendt war der Bankrott der Tradition nicht einfach eine Idee, sondern das zentrale politische Faktum des zwanzigsten Jahrhunderts. Was die ungeheure Zerstörungskraft dieses Jahrhunderts mit seinen zwei Weltkriegen und seinen zahllosen Revolutionen und Rebellionen aber nicht vernichten konnte, waren die elementaren menschlichen Erfahrungen, die ironischerweise die Quelle jener Tradition bildeten. In diesem Sinne lässt sich Hannah Arendts Fragen als eine Suche nach jenen Erfahrungen verstehen, die durch kollektive und universelle, nunmehr aber obsolete und nutzlose Begrifflichkeiten überlagert worden waren – als, sozusagen, eine archäologische Expedition. Ist das Ende der Tradition, mit ihren Worten, »der Lebenshauch, dessen Gegenwart, psychegleich, erst bemerkt wird, wenn er seine natürliche Heimstatt verlassen hat, den Leichnam einer Zivilisation, die nicht mehr existiert«, so begann Hannah Arendt im Augenblick »des Übergangs … wenn die Menschen sich nicht länger auf die Stabilität der Welt und ihrer Rolle in dieser Welt verlassen«, ihre Suche. Das Erste, was sie ihren Studenten beibrachte, war: Die Vergangenheit und die Tradition, welche die Vergangenheit überliefert, sind nicht dasselbe. Unter der Führung von Hannah Arendts Fragen entstand bei diesem Aufspüren einer neuen Vergangenheit – unseres »Alten«, gesehen als das griechische »Neue« – eine Erotik des Lernens, eine gemeinsame Anstrengung unter möglichen Freunden, die keine Epigonen waren und deren Mut und gegenseitiges Vertrauen eine Aura von Schönheit erzeugten wie bei der Lektüre eines Klassikers »wie zum ersten Mal«. Es war Shakespeares Ariel (der einem Prinzen ein Lied über seinen verschollenen Vater vorsingt), dessen Worte für Hannah Arendt am eindrucksvollsten die Bedingungen für Verlust und Entdeckung, Verwandlung und Versöhnung, Zauber, Liebe, und Erlösung ausdrückten:

Full fathom five thy father lies;
Of his bones are coral made;
Those are pearls that were his eyes;
Nothing of him that doth fade,
But doth suffer a sea-change
Into something rich and strange.

Fünf Faden tief liegt Vater dein:
Sein Gebein wird zu Korallen;
Perlen sind die Augen sein:
Nichts an ihm, das soll verfallen,
Das nicht wandelt Meeres-Hut
In ein reich und seltnes Gut.
Übersetzung A. W. v. Schlegel

*

Obwohl Hannah Arendt ungeduldig reagierte, wenn von ihrer »Genialität« die Rede war, und stets betonte, dass ihre Leistungen nur das Ergebnis harter Arbeit waren, konnte niemand, der sie kannte, ihre geniale Begabung für Freundschaften bezweifeln. Sie stand in enger Verbindung mit einer außergewöhnlichen Vielfalt von Menschen – Emigranten aus Deutschland, Frankreich und anderswoher (bekannt als der »Stamm«), Dichter, Romanciers, Künstler, Theologen, Historiker, Journalisten, Senatoren und ein paar Studenten. Karl Jaspers war für sie, glaube ich, das Modell für Freundschaft schlechthin. Vor dem

Krieg war er in Heidelberg ihr Doktorvater; danach fanden die beiden, wie die lange und reiche Korrespondenz zeigt, zu einer Offenheit, in der sich die seltene Gabe bewies, Freiheit *in Freiheit* mitzuteilen. Es wirkt eigenartig, dass Jaspers in dem jüngst entstandenen Film über Hannah Arendt nicht auftaucht. Die Regisseurin Margarethe von Trotta hat gesagt: Hätte sie die Geschichte von Hanna Arendts Leben erzählen wollen, wäre Jaspers eine entscheidende Rolle zugekommen. Doch konzentrierte sie sich auf einen bestimmten umstrittenen Moment in der Entwicklung des Denkens der Philosophin, und hier hätte – so Margarethe von Trotta – Jaspers' Gegenwart die angestrebte Ausgewogenheit aufgehoben.

Im Gegensatz zur leidenschaftlichen Liebe ist die Freundschaft eine weltliche Erfahrung, das heißt, sie erscheint zuerst in dem Raum, der Menschen miteinander in Beziehung setzt und trennt, jenem Raum, der für Hannah Arendt die Welt *ist*. Der öffentliche oder politische Raum der Welt ist von Licht erfüllt, während der private Bereich im Schatten liegt. Freundschaft gedeiht im Privaten, doch sie macht auch den öffentlichen Bereich bewohnbar und die Öffentlichkeit erträglich, denn für politische Freundschaft ist das Licht der Öffentlichkeit nicht mehr blendend hell. Jaspers und Hannah Arendt verwendeten in ihren Gesprächen oft die Begrifflichkeit des Lichts und des Sehens. Als ihr

Werk *Elemente und Ursprünge totaler Herrschaft* erschienen war, schrieb Jaspers (am 31. 1. 1956 aus Basel, Anm. d. Übs.): »Wenn Ihnen einmal der zweite Autor folgt, der das Erkannte in intellektueller logischer Konstruktion einfach und lehrbar macht, wird man immer an der Quelle bei Ihnen nachsehen müssen, um teilzugewinnen an der Kraft, die selber sehen macht.« Über Jaspers wiederum sagte Hannah Arendt schlicht: »Wo Jaspers hervortritt und spricht, wird alles hell.« Ich komme noch auf diesen Sprachgebrauch zurück.

Man muss jedoch zunächst Hannah Arendts Verhältnis zu Heidegger streifen, und sei es nur, um den Unterschied zu der Freundschaft mit Jaspers festzuhalten. Es ist bekannt, dass Hannah Arendt und Heidegger eine Liebesbeziehung hatten, als sie in Marburg seine Studentin war, ehe sie dann nach Heidelberg ging. Wie sie später schrieb – natürlich ohne Heidegger zu nennen –, schließt leidenschaftliche Liebe die Welt aus. Der Boden, die Welt gleitet unter den Füßen der Liebenden weg, und sie verlieren sich ineinander, solange ihre Leidenschaft andauert. Arendt lernte, wie sie sagte, von Heidegger das Denken – Denken verstanden als eine Aktivität, die sich aus der Welt zurückzieht. Sie erlebte einen »philosophischen Schock«, das schiere Erstaunen über die Existenz an sich, das dann zu einer Frage wurde: Warum sollte es überhaupt irgendetwas geben? Nur wenige Jahre später folgte eine andere

Erschütterung, ein, wie sie sagte, »Wirklichkeitsschock«, dessen erste Wellen 1933 mit dem Reichstagsbrand spürbar wurden. In Heideggers Verbindung mit dem Nationalsozialismus traten dann diese beiden wesentlich verschiedenen Schockerfahrungen zusammen, und es war dieses Erlebnis, welches Hannah Arendts geistiges Leben radikal veränderte. Nun stellte sie sich die Aufgabe, den gesamten Bereich des politischen Lebens von Anfang bis Ende denkend zu durchdringen.

*

Hannah Arendts Erbe ist komplex, und sei es nur deswegen, weil man sich ihm von so vielen verschiedenen Seiten nähert. Für manche ist das, was sie geschrieben hat, unerhört – wie sich in der bekannten Kontroverse zeigte, die auf ihren Bericht über den Eichmann-Prozess in Jerusalem folgte; hier spielt auch ihre lebenslange Zuneigung für Heidegger eine Rolle und der Umstand, dass sie ihm, wie es scheint, verziehen hat. Er war Antisemit, heißt es da, folglich muss sie ein Fall von jüdischem Selbsthass sein. Heute ist es Mode, zu behaupten, Heideggers Philosophieren habe seine Grundlage in seinem Antisemitismus. Doch hat man zu Recht darauf hingewiesen, dass es kaum sinnvoller ist, von Heideggers Nazi-Philosophie oder seinem antisemitischen Denken zu sprechen als von Einsteins jüdischer Physik (wie die Nazis es taten). Ich glaube, hierzu ist kaum mehr etwas zu sagen, außer vielleicht in massenpsychologischer Hinsicht.

Andererseits muss man, um Hannah Arendt zu verstehen, selbst etwas von einem geistigen Revolutionär haben. Man muss die Dinge infrage stellen – vor allem die traditionellen Antworten auf traditionelle Fragen. Sich ihrer Unternehmung anzuschließen, ganz gleich, aus welcher Perspektive man dazustößt, heißt, nach etwas zu suchen, was vorher noch nicht gesucht wurde. Am Ende würde man dann möglicherweise den folgenden Zeilen zustimmen:

Bless what there is for being,
Which has to be obeyed, for
What else am I made for,
Agreeing or disagreeing?

Hier wird in einem Gedicht von W. H. Auden, einem ihrer engsten Freunde, eine Frage formuliert, die eine Antwort auf das Warum der Existenz andeutet. (*Anm. d. Übs.*: Es handelt sich um die letzten Zeilen eines späten Gedichts über die fünf Sinne, »Precious Five«. Das lyrische Ich endet das Poem mit der Überlegung, dass es selbst – im Gegensatz zu den vorher beschworenen und gelobten Sinnen – genügend Gründe finden könnte, seinen Zorn und seine Verzweiflung gen Himmel zu schreien. Der

Himmel würde aber, *as if I wasn't there*, seinen unbegreiflichen Befehl wiederholen, der sich dann in der ersten oben zitierten Zeile ausdrückt: »*Segne, was da ist, für sein Dasein*, / Und dem muss ich gehorchen, denn / Wozu bin ich sonst geschaffen, / Ob einverstanden oder nicht?«)

Am Ende ihres Buches *On Revolution* deutet Hannah Arendt noch eine andere Antwort an. Sie spricht nicht in ihren eigenen Worten, sondern mit denen des Sophokles, indem sie zuerst das berühmte Chorlied aus *Ödipus auf Kolonos* zitiert, dessen Formulierung »Nicht geboren zu sein, geht über alle in Worten zu fassende Weisheit, doch wenn man einmal lebt, ist es das nächstbeste, so schnell wie möglich hinzugehen, woher man kam« (1224 ff.) auch als »Weisheit des Silenus« bekannt ist. Dem hält Hannah Arendt entgegen, dass das, was den Menschen die Kraft gibt, »die Lasten des Lebens zu tragen«, der politische »Raum der freien Taten und lebendigen Worte« sei, welche – hier zitiert sie wiederum Sophokles – »dem Leben Glanz verleihen, *ton bion … lampron poieisthai*« (τὸν βίον λαμπρὸν … ποιεῖσθαι, ebd. 1143 f.; Theseus redet.) Hier, in den letzten Worten des Buches, das sie »in Freundschaft« Gertrud und Karl Jaspers widmete, spricht Hannah Arendt noch einmal vom Licht, vom Leuchten.

Jerome Kohn

Unter Freunden

Hannah Arendt ist 1975 gestorben. Wenn ich von ihrem Tod spreche, muss ich auch an Sokrates denken, der vor über zweitausend Jahren starb. Die Freunde des Sokrates, von denen einige bei seinem Tod zugegen waren, waren größtenteils kluge und geachtete Bürger Athens, die sich eigentlich sicher waren, dass sie Begriffe wie Wissen, Gerechtigkeit, Frömmigkeit, Mut oder Freundschaft klar definieren könnten. Oft eröffnete Sokrates die gemeinsamen Gespräche, indem er eine bestimmte Eigenschaft von dem unterschied, was sie *nicht* ist; Freundschaft (φιλία, philia) ist beispielsweise nicht Liebe (ἔρος, eros) – ein Unterschied, der vielleicht für die Griechen leichter zu vergessen war als für Barbaren damals und heute. Und wenn sie nicht Liebe ist, was ist die Freundschaft dann? Ist sie die Hilfe, die man einem Freund in Not zukommen lässt, wie es die alte englische Redensart *a friend in need is a friend indeed* anzudeuten scheint? Oder ist Freundschaft – was Aristoteles subtilerweise zu bedenken gibt – eben jene Bedürftigkeit, welche die Hilfsbereitschaft eines Freundes hervorruft? Aber wird die Vorstellung von Freundschaft nicht dadurch beschädigt, dass man von ihr stets im Hinblick auf Bedürfnis und Unterstützung spricht? Geht »Freundschaft« nicht über alle utilitaristischen Erwägungen hinaus? Wie sich Sokrates' Freunde nun nicht darüber einig werden können, wozu Freundschaft gut ist und was ihren Zweck und ihr Ziel ausmacht, empfinden sie nachgerade das dringende, man könnte sagen: »existentielle« Bedürfnis nach einer richtigen Meinung (ὀρθὴ δόξα, orthe doxa), das heißt: einer Ansicht, die niemand bestreiten wollte. Denn nur dann werden sie in der Lage sein, weiterhin vernünftig über die Idee der Freundschaft zu sprechen – der Freundschaft, die alle von ihnen (das bezweifelt keiner) füreinander empfinden.

Mit Sokrates' Hilfe begannen die Freunde zu untersuchen, was sie denn eigentlich gesagt haben, und über die von ihnen gesprochenen Worte nachzudenken. Sie vertreten nicht länger voll Überzeugung ihre Meinungen, sie treten nun sozusagen ein paar Schritte von den eigenen Ansichten zurück, halten diese gegen das Licht und drehen sie hin und her; sie versuchen, ihre eigene Meinung vom Standpunkt der Freunde aus zu betrachten. Und was können sie tun, als ihnen klar wird, dass keine dieser Meinungen falsch ist und doch keine die Freundschaft wirklich definiert? Der seltsame Umstand, dass die einzelnen Meinungen nicht falsch sind, zusammengenommen aber kein befriedigendes Ganzes ergeben, versetzt die Freunde in einen Zustand genuiner Ratlosigkeit (ἀπορία, aporia), und Sokrates schließt sich rasch dieser Stimmung an. Er meint, sie müssten irgendwo einen Fehler gemacht haben, und fordert sie auf, noch einmal zu beginnen.

Könnte es denn sein, dass es gar keinen besseren Weg gibt, sich an Freundschaft zu erinnern, als über die Unfähigkeit, sie zu definieren? Hier treten nun mit einem Mal im inneren Drama des Bewusstseins die περιπέτεια (peripeteia) und die ἀναγνώρισις (anagnorisis) ein, die Wende und das plötzliche Wiedererkennen, die uns aus der griechischen Tragödie oder dem tragischen Gedicht vertraut sind. Denn je ratloser Sokrates und seine Freunde auf der Suche nach dem, was Freundschaft ausmacht, desto gewisser sind sie sich, dass sie gerade die Erfahrung von Freundschaft machen. Tatsächlich lässt sich Sokrates' Reden mit den Freunden gar nicht anders interpretieren denn als Akt der Freundschaft, und das Eingeständnis, das er ihnen entlockt, scheint eine der unbestreitbarsten Einsichten zu sein, zu denen man sich im Namen der Freundschaft bekennen kann: »Ich weiß nicht, was Freundschaft ist, aber ich bin dein Freund.« Wer von uns weiß schon genau, was vor sich geht, wenn wir uns mit jemandem befreunden?

*

»Kein platonischer Dialog befasst sich mit der Frage nach dem Bösen«, schrieb Hannah Arendt (*The Life of the Mind*, 1978, Bd. I, S. 150) und machte sich daraufhin metaphysisch über den jungen Sokrates lustig, für den die Vorstellung, man könne »hässlichen Dingen und schlimmen Taten« eine Idee zugrunde legen, eine Absurdität (»ein Abgrund an Unsinn«) ist. Parmenides, der ältere Philosoph, warnt in dem nach ihm benannten Dialog seinen Gesprächspartner Sokrates, dieser sei »noch jung … und die Philosophie hat dich noch nicht so fest ergriffen, wie sie es eines Tages, so glaube ich, tun wird« (a. a. O.; vgl. Platon, *Parmenides* 130 d–e). Im Jahr 1963, auf dem Höhepunkt der *affaire* um ihre Eichmann-Reportage, sagte Hannah Arendt zu dem Journalisten Samuel Grafton, sie habe »seit vielen Jahren, oder, um genau zu sein, seit dreißig Jahren über das Wesen des Bösen nachgedacht« (*The Jewish Writings*, 2007, S. 475). Jene dreißig Jahre zuvor, als sie noch keine siebenundzwanzig war, brannte der Reichstag in Berlin, und es folgte die illegale Verhaftung von Tausenden Kommunisten und anderen politischen Gegnern der Nazis. Obwohl sie keines Vergehens schuldig waren, wurden sie in Konzentrationslager oder die Keller der gerade aufgebauten Gestapo verschleppt und erfuhren dort ein (wie Hannah Arendt sagt) »ungeheuerliches« Schicksal. Nachdem jegliche politische Opposition zerschlagen war, konnte Hitler seinen Judenhass, über den sich jeder Leser des im Gefängnis diktierten und 1925 veröffentlichten Buches *Mein Kampf* im Klaren sein musste, zum Prinzip erheben. Mit der Konsolidierung der nationalsozialistischen Macht war der Antisemitismus nicht mehr lediglich ein gesellschaftliches Vorurteil; er wurde zur politischen Praxis. Hitlerdeutschland sollte »judenrein« werden, es war in den Zustand der Reinheit zu erheben, indem die Juden zuerst zu Bürgern zweiter Klasse gemacht, bald ihrer Bürgerrechte gänzlich beraubt, dann ausgeplündert, deportiert und schlussendlich ermordet wurden. Nach dieser ersten Begegnung mit dem Bösen fühlte sich Hannah Arendt »verantwortlich«, wie sie schrieb. Doch verantwortlich wofür? Gewiss nicht für Hitler oder seine Anhänger. Bezog sie sich indirekt auf den Verrat, den zumindest einige ihrer nichtjüdischen Freunde verübt hatten, auf deren Versagen in Zeiten der Not? Sie konnte nicht länger »nur dabeistehen«. Meinte sie, dass sie in ihrer Person und mit ihrer Stimme Widerstand leisten und auf das Verbrechen reagieren würde, das sie nun überall in ihrem Geburtsland vor sich sah? »Wenn man als Jude angegriffen wird, muss man sich als Jude verteidigen. Nicht als Deutscher, nicht als Weltbürger, nicht als Vertreter der Menschenrechte« (*Essays in Understanding*, 1994, S. 12).

Sie reagierte nicht nur als Jüdin auf den politischen Antisemitismus der Nazis, sondern auch als amerikanische Bürgerin (seit 1951) auf alle politischen Haltungen, die zum Totalitären tendierten, und damit bewies sie Mut. In unserer heutigen Zeit könnte man in Edward Snowden jemanden sehen, der Mut beweist; zumindest wäre es schön, glauben zu dürfen, dass es solche Menschen noch gibt.

Hannah Arendt wusste, dass niemand allein agieren kann, und sie handelte gemeinsam mit Karl Jaspers, Mary McCarthy, Dorothy Day, Alfred Kazin, W. H. Auden, Dwight und Nancy Macdonald [sic!], Albert Camus und seiner Frau Francine Faure und vielen anderen. 1954 veröffentlichte sie in der Zeitschrift *Commonweal* einen Artikel mit dem Titel »Die Exkommunisten« (abgedruckt in *Essays in Understanding*), in dem sie genau unterschied zwischen Exkommunisten, welche zwar die Ideologie, nicht aber die Methoden gewechselt hatten, und *ehemaligen* Kommunisten, die begriffen hatten, dass sich die Strategien und Ziele nicht derart simpel trennen lassen. Der Artikel erschien in den USA auf dem Höhepunkt einer aggressiven Antikommunismus-Bewegung, die mit den Auftritten von Joseph McCarthy 1950 immer mehr Zulauf bekommen hatte. In dieser Zeit wurden Ethel und Julius Rosenberg hingerichtet, und Alger Hiss und andere wurden inhaftiert – all dies mit, vorsichtig gesagt, nur geringer juristischer Rechtfertigung. Hannah Arendt und ihr Mann hätten durchaus ausgewiesen werden können, denn es sollte noch einige Jahre dauern, bis der Oberste Gerichtshof (mit Bezug auf Arendts unwiderlegliche Argumente in *The Origins of Totalitarianism*, dass das Bürgerrecht eine Quelle der Menschenrechte ist) die Vorschriften, welche eine Aberkennung der Staatsangehörigkeit regeln, wesentlich enger fasste.

In den fünfziger Jahren brachte Hanna Arendt ihren Widerstand gegen die Todesstrafe zum Ausdruck, indem sie sich vor allem auf die Fehlbarkeit des menschlichen Urteils berief. Doch als sie 1963 in *Eichmann in Jerusalem* über die »Banalität des Bösen« berichtete, welche im Eichmann-Prozess zutage trat, verurteilte, so liest man es in ihrem Report, sie den Angeklagten mit den folgenden Worten zum Tode: »Sie haben eine Politik unterstützt und vollstreckt, die beinhaltet, daß man die Erde nicht mit dem jüdischen Volk zu teilen bereit ist … Wir kommen deshalb zu dem Schluß, daß man von niemandem, das heißt: von keinem Angehörigen der Menschenrasse erwarten kann, daß er die Welt mit Ihnen teilen möchte. Dies ist der Grund, und der einzige Grund, weshalb Sie hängen müssen« (*Eichmann in Jerusalem*, 1963, S. 279). Manche Leser haben dies als eine Antiklimax oder zumindest als Mangel an Emphase empfunden – vielleicht, weil sie nicht genau auf das hörten, was Hannah Arendt hier sagt: Eichmann musste nicht deshalb hingerichtet werden, weil niemand – ihn selbst eingeschlossen – seine Taten infrage stellte oder weil seine Absicht, Böses zu tun, im Prozess zweifelsfrei bewiesen worden war, sondern weil er das Verbrechen schlechthin gegen das Mensch-Sein begangen hatte: Er hatte Millionen von Männern, Frauen und Kindern in den Tod befördert – und dies aus dem alleinigen Grunde, dass sie nicht lediglich Juden waren, sondern weil sie als Juden aller Bürgerrechte und damit aller Ansprüche auf politische Gleichheit oder auf irgendein anderes Menschenrecht beraubt worden waren. Sie hatten keinen rechtlichen, moralischen oder politischen Status mehr. Als menschliche Wesen waren sie, wie Arendt sagt, »überzählig«, was bedeutete (wie es jeder, der offene Augen hatte, schnell bemerken musste), dass die Welt sie nicht mehr brauchte. Eichmanns Verbrechen gegen die Menschlichkeit war »am jüdischen Volke in seiner Gesamtheit« verübt worden, aber es gab keinen Grund zu der Annahme, dass dieses Verbrechen enden würde, wenn alle Juden getötet wären.

Das Ende von Arendts Buch beschreibt, gleich vor dem Epilog, den fast lachhaften Unsinn der letzten Worte Eichmanns vor der Exekution als »das Fazit der langen Lektion in Sachen menschlicher Verruchtheit, der wir beigewohnt hatten – das Fazit von der furchtbaren Banalität des Bösen, vor der das Wort versagt und an der das Denken scheitert«. Das ist das einzige Mal, dass im Text die »Banalität des Bösen« ausdrücklich formuliert wird (die allerdings dann in der Buchausgabe den Untertitel abgibt: »A Report on the Banality of Evil / Ein Bericht von der Banalität des Bösen«). Der Ausdruck ist kritisiert worden, weil er die Absicht der Autorin nur unvollkommen ausdrückt, zumal das englische Original hier nicht ganz die Präzision der hier zitierten deutschen Fassung besitzt.

*

Plonger au fond du gouffre, Enfer ou Ciel,
qu'importe ?
Au fond de l'Inconnu pour trouver du *nouveau*!

In die Tiefe des Abgrunds tauchen, Hölle oder
Himmel, was tut's?
Zum tiefsten Grund des Unbekannten, um
etwas Neues zu finden!

Charles Baudelaire, *Les Fleurs du Mal*,
»Le Voyage«

Hannah Arendt wurde Zeugin von etwas völlig Neuem (dem Äußersten an Bösem in der uns bekannten Geschichte); sie hat auch persönlich »hässliche Dinge und schlimme Taten« erlebt. Sie musste zweimal zwangsweise emigrieren, zuerst aus ihrer Heimat Deutschland und dann aus Frankreich, wohin sie vor der Verfolgung geflohen war. Achtzehn Jahre lang – 1933 bis 1951 – war sie ohne Staatsangehörigkeit und ohne die damit verbundenen Bürgerrechte, und schließlich wurde sie von ihrem eigenen Volk – von den Juden, das heißt: den führenden jüdischen Kreisen in Amerika, Europa und Israel – quasi exkommuniziert, weil sie das Böse, welches die Judenheit erlitten hatte, als »Oberflächenphänomen« enthüllt hatte, als etwas ohne tiefe Wurzeln: Es war nicht, wie sie früher selbst gemeint hatte, etwas Radikales. Sie schrieb an Gershom Scholem (20. 7. 1963), »daß das Böse immer nur extrem ist, aber niemals radikal, es hat keine Tiefe, auch keine Dämonie«. Das Böse widersetzt sich dem Denken, weil dieses auf der Suche nach Tiefe ist und darin enttäuscht wird, weil nichts dergleichen sich finden lässt. Und genau darin liegt die Banalität. (*The Jewish Writings*, 2007, S. 471) Die Banalität des Bösen hat dem Denken nichts zu bieten, doch wenn sich dieser Banalität nicht eine große disparate Allianz der Weltmächte entgegengestellt hätte, hätte sie ironischerweise die Welt zerstören können.

Man hat gesagt, Hannah Arendt sei ein Genie der Freundschaft gewesen, doch trifft es auch zu, dass sie viele Feinde hatte. Ich meine nicht: weil sie Jüdin war, sondern im Gegenteil deshalb, weil sie eine Jüdin war, die sich darüber vollkommen im Klaren war, dass das Böse, welches den Juden im zwanzigsten Jahrhundert angetan wurde, in gewissem Maße auf ein Versagen des Denkens zurückgeht. Man könnte auch formulieren: Je extremer das Böse auftritt (beispielsweise in Eichmanns Taten), desto gründlicher löscht es die Denkfähigkeit aus. Das ist, glaube ich, die eigentliche Veranlassung für Hannah Arendts letztes (unvollendetes) Werk *The Life of the Mind (Das Leben des Geistes)*, dessen Titel eine Formulierung von Aristoteles zitiert: ἡ γὰρ νοῦ ἐνέργεια ζωή (hē gar nou energeia zoē; Metaphysik, Λ 1072 b 27). Obwohl das Wort ἐνέργεια verschiedene Bedeutungen haben kann (von »Aktualität« bis »Operation«), wäre hier vielleicht die angemessenste Übersetzung »Aktivität«. Man könnte also den Satz des Aristoteles wiedergeben mit »Denn auch die Aktivität des Geistes ist Leben.« Dementsprechend schrieb Hannah Arendt: *»Ohne den Atem ist der menschliche Leib eine Leiche, ohne das Denken ist der menschliche Geist tot«* (*The Life of the Mind*, 1978, S. 123; Hervorhebung durch die Autorin). Im ersten Band des zitierten Werkes will Hannah Arendt zeigen, dass das Denken keineswegs eine Aktivität ist, die auf Philosophen und professionelle Denker beschränkt bliebe, sondern tatsächlich eine wesentliche Voraussetzung dafür, dass man die Welt mit anderen teilt. Man denkt einsam, zurückgezogen von der Welt, doch nicht allein. Das Denken ist ein Dialog des Menschen mit sich selbst, des zwiefachen Menschen, wenn auch das Erlebnis der Zweiheit-in-Einem nie weit verbreitet war. Was diesen Ansatz mit Sokrates und seinen Freunden verbindet, ist nicht der Besitz gesicherter Wahrheit, sondern die Übereinkunft der beiden

Stimmen im Menschen, nach dem lebendigen, veränderlichen Gesicht der Wahrheit zu suchen.

Endlose Fragen ließen sich aufwerfen: Wie hätte das Denken die Leichenproduktion der Todesfabriken verhindern können? Hat denn das Denken den Zweiten Weltkrieg gewonnen oder die Macht? Hannah Arendts Überzeugung, dass man die Vergangenheit niemals wieder einholen oder revidieren kann, wird in ihrem Werk stets von neuem ausgedrückt. Das Motto für *The Origins of Totalitarianism*, das von Karl Jaspers stammt, lautet beispielsweise »Weder der Vergangenheit anheimfallen noch dem Zukünftigen. Es kommt darauf an, ganz gegenwärtig zu sein.« Und einen Leitfaden durch ihr letztes abgeschlossenes Werk, den zweiten Band von *The Life of the Mind*, könnte der Topos abgeben, dass der freie Wille angesichts seiner Unfreiheit, das zu ändern, was geschehen ist, ohnmächtigen Zorn empfinden mag. Der gespaltene Wille ist sich selbst entgegengesetzt, während es eine unerlässliche Voraussetzung des inneren Dialogs im zwiefachen Menschen ist, dass er mit sich selbst gut steht. Wenn der zwiefache Mensch das Denken beendet und wieder in der Welt erscheint, tut er dies als eine Person in einer Pluralität von Personen, die – insofern sie ebenfalls im emphatischen Sinne nachgedacht haben – einander als gemeinsame Bewohner der gemeinsamen Welt vertrauen, der Welt, welche alle verbindet und trennt.

Beim Tod des Sokrates waren Freunde zugegen; zwei alte Freunde und Kollegen, der bedeutende jüdische Historiker Salo Baron und seine Frau Jeannette, waren bei Hannah Arendt, als sie nach einem Herzanfall Zuhause starb. Über mehr als zweitausend Jahre hinweg hat sich der Freundeskreis des Sokrates unermesslich erweitert, wobei einige ihn vor allem als Opfer der Ungerechtigkeit sehen, die meisten aber als den Weisesten der Menschen. Er mag sogar nicht völlig unrecht gehabt haben, als er als junger Mann das Hässliche und Schlimme – wiewohl es existiert – nicht als Gegenstände des Denkens anerkennen wollte.

Ich vermute, dass auch Hannah Arendts Kreis stetig wächst, vor allem unter den Jüngeren, unter Studenten und ihren Lehrern. Nicht allein deshalb, weil sie eine Frau war. Es ist eher so, dass das sehr alte Bedürfnis, etwas zu bauen, etwas zu bewahren und sich um die Welt zu sorgen, sich wieder erneuert hat, damit zukünftige Generationen in ihr leben können, nachdem die Welt an einer Katastrophe vorbeigegangen ist und immer noch in Gefahr schwebt. Hannah Arendt hat gezeigt: Mit sich selbst als denkender Mensch gut zu stehen, ist nicht *per se* etwas Schönes, es ist auch die Bedingung dafür, dass man zusammen mit anderen eine gemeinsame Welt baut.

Eine leicht andere Fassung dieses Textes erschien unter dem Titel »Philosophie und Politik« übersetzt von Wolfgang Heuer in *Deutsche Zeitschrift für Philosophie* 41 (1993), Nr. 2, S. 381–400. (Orig.: »Philosophy and Politics«, in: *Social Research* Vol. 57, No. 1 (Spring 1990))

Verlag und Herausgeber danken dem
Institut für Philosophie der Carl von Ossietzky Universität
Oldenburg für die freundliche Unterstützung.

4. Auflage 2019

Göhrener Str. 7 | 10437 Berlin

Die Texte von Jerome Kohn, »In Hannah Arendts
Seminar« und »Unter Freunden«, erschienen zuerst in:
Offener Horizont – Jahrbuch der Karl Jaspers-Gesellschaft
(1/2014 und 2/2015). Der Abdruck erfolgt mit freundlicher
Genehmigung des Wallstein Verlags, Göttingen.

Druck und Bindung: Artdruk, Szczecin
Umschlaggestaltung nach einer Idee von Pierre Faucheux
ISBN 978-3-95757-168-7

www.matthes-seitz-berlin.de